El arte de vender

Iosu Lázcoz

El arte de vender

ℐ

ALMUZARA

EDITORIAL ALMUZARA • COLECCIÓN ECONOMÍA Y EMPRESA
Director editorial: Antonio E. Cuesta López
Edición de Javier Ortega y Rebeca Rueda

Imprime: Gráficas La Paz
ISBN: 978-84-17797-80-5
Depósito Legal: CO-1166-2019
Hecho e impreso en España — *Made and printed in Spain*

Índice

---

[1] Este epígrafe a su vez está estructurado siguiendo una secuencia que comprende las tres fases de mi Método Sell it: la fase que se produce antes de la visita (fase PRE), la fase que se da durante la visita (fase IN) y por último la que se da cuando ha terminado la visita (fase POS).

INTRODUCCIÓN

Las ventas tienen lugar en la mente del vendedor mucho antes de que se produzca la visita. De lo que ocurra ahí dependerá el éxito o el fracaso de nuestra gestión comercial.

La vida es venta. Las ventas impregnan todas y cada una de las actividades del ser humano desde el principio de los siglos. Las naciones han sido construidas desde tiempos inmemoriales en torno a las ventas: los países con mayores PIB del mundo son los que tienen más y mejores fuerzas de venta como EE. UU., Reino Unido, Japón, Canadá y China.

No obstante, las ventas no siempre han sido tenidas en cuenta o valoradas en su justa medida. Al contrario, incluso han estado defenestradas durante mucho tiempo por aquellos que las consideraban una actividad de segunda categoría. Sin embargo, lo cierto es que no son algo menor. Son un valor estratégico dentro de las empresas, las cuales inician su actividad con ellas y se hunden si las ventas no se producen. Son el pulmón y también el corazón de las empresas y, del mismo modo que los órganos vitales se colapsan sin oxígeno, la empresa cierra sin ventas. Por tanto, si queremos mantener vivas a nuestras empresas debemos dar a los departamentos de ventas la importancia que tienen: no son el cerebro ni el húmero, sino el oxígeno que impregna cada tejido y permite la vida.

Este libro que tienes entre las manos no es un libro cualquiera de los cientos de libros que circulan física y digitalmente por ahí. Se trata de una obra nacida de mi experiencia de más de cuarenta años dedicado a vender productos y servicios de muy diversa índole.

Mi primer romance con esta profesión fue a los seis años, en la sierra de Urbasa, en Navarra. A nivel profesional empecé hace veintiún años en el mundo de las ventas. Seleccioné, formé y capacité a decenas de vendedores por todo el territorio nacional. Me considero un vendedor-formador-consultor de «suela desgastada». Todo lo que enseño lo pruebo previamente en la calle. Por este motivo, las personas que os dedicáis a las ventas vais a entender el lenguaje en que está escrito: el que transmite alguien que está en activo y habla vuestro mismo idioma.

Vender para mí es un acto natural nacido desde la pasión. La venta es algo tan consustancial e integrado en mí que me vendo a mí mismo cuando voy a comprarme un coche nuevo, un nuevo colchón o incluso el regalo que le voy a hacer a mi mujer por su cumpleaños. Las ventas son un acto de seducción más que un acto de persuasión, un acto de entrega al cliente en el cual, él es el foco principal y el protagonista de la historia. Vender es una transmisión de experiencias memorables mientras solucionamos sus problemas haciendo crecer su negocio.

Esta profesión me lo ha dado todo. Me ha permitido conocer a personas maravillosas en el camino, me ha posibilitado emprender proyectos apasionantes y me ha dotado de una autoestima saludable que me ha dado la fuerza suficiente para seguir luchando en un entorno cada vez más complicado y competitivo. Todo lo que contiene este libro es un compendio de las reflexiones que me han llevado a dónde estoy ahora y que quiero compartir contigo en la seguridad de que, si las sigues, tú también podrás beneficiarte de mi experiencia y con ello aumentar tus ventas.

De eso va esta obra, de pensamientos que han producido en mí resultados de manera sostenida durante más de veinte años. En todo este tiempo, y esto es común a los cientos de vendedores con los que he tenido el placer de trabajar suela con suela, hay una cosa en común: la mente es la que sitúa a unos en lo más alto del cajón mientras que a otros los hunde en el furgón de cola de las excusas.

Te invito a que conozcas cuáles son las enseñanzas que la calle y mis clientes me han aportado a lo largo de estos últimos cuarenta y cuatro años. Te invito a que viajes conmigo a este lugar llamado excelencia comercial, un lugar reservado para los vendedores que luchan, que son optimistas, que se esfuerzan a diario y que se actualizan constantemente.

Como buena noticia te diré que tú también puedes pertenecer al grupo que lidera las ventas en tu empresa, ya que esta no es una profesión de nacer sino de sudar. El talento sin esfuerzo no vale para nada y los mejores vendedores que he conocido en mi vida son los que sudan, los que se esfuerzan cada día, los que son conscientes de que las ventas y la vida son una carrera de fondo que puede ser divertida. Es en la mente donde se empiezan a fraguar tus ventas, así que trabájala a conciencia, educa tu pensamiento y tus resultados llegarán más temprano que tarde. Y si tu mente piensa que no quieres adquirir este libro, te agradezco el interés que has mostrado al llegar hasta aquí.

Te deseo muchas ventas y seguro que nos volveremos a ver. ¿Empezamos?

Iosu Lázcoz
Formador. Consultor de Ventas. Autor y conferenciante
www.iosulazcoz.es

«A los vendedores se nos paga por vender, no por trabajar».

Esta frase la publico con cierta frecuencia en LinkedIn y las respuestas y reacciones son muy notorias. La última vez que la he publicado ha sido en febrero de 2019 y sigue cosechando muchos comentarios (50), recomendaciones (100) y visualizaciones (9500). A los vendedores se nos paga por vender, da igual que trabajes de sol a sol durante un año entero: tus jefes esperan resultados. Esperan que vendas, no que trabajes.

Los jugadores de fútbol más cotizados del mercado son los delanteros y dentro de ellos existe un indicador de valor claro: el número de goles que han metido en la temporada pasada. No el número de palos que ha hecho ese jugador, ni las veces que ha tirado el balón por encima de la portería. Ahí tienes los contratos de Lionel Messi y de Cristiano Ronaldo. Tampoco a los atletas de competición se les paga por correr, sino por hacerlo en un tiempo récord.

El tiempo que dedicas a tu actividad en ventas es inversamente proporcional a la maestría que vas alcanzando con los años. Si creces como vendedor, si te formas continuamente y, sobre todo, si aplicas lo que aprendes, con el paso de los años cada vez te costará menos tiempo conseguir ventas y, por lo tanto, con muchas menos visitas obtendrás resultados que al principio de tu carrera te parecían inverosímiles.

Ahora bien, al igual que si no vendes serás despedido, las empresas tampoco están preparadas para que trabajando bien y eficientemente realices pocas visitas. La experiencia me dice que pueden darse situaciones a primera vista contradictorias. Parece como si se primase el esfuerzo para unas cosas, mientras que, si no vendes, este mismo esfuerzo no resulta valorado en absoluto. Al final a los vendedores no se nos valora por la cantidad de clientes potenciales que visitemos en una semana, ni por el número de visitas totales que realicemos, ni por el número de partes que entreguemos los viernes, se nos valora por la cifra que somos capaces de obtener cada mes.

Como te decía, las reacciones al compartir esta frase en LinkedIn son muy edificantes. Unos decían que vender dependía de tu producto, de la empresa, del apoyo que recibías de tu Jefe de Ventas, pero ninguno o muy pocos de los que respondían en esta línea se atribuyó algo de responsabilidad en sus resultados y creo que no hace falta preguntarles el porqué.

Vende y emplea el resto del tiempo en lo que tú estimes oportuno, siempre, claro está, que cumplas tus objetivos diarios de ventas. Incluso es recomendable que, si sientes que tienes ese día imparable ya que estás vendiéndolo todo, cubras posibles días malos y realices un esfuerzo extra visitando el resto de la jornada.

A los vendedores se nos paga por vender y punto. Si no lo estás haciendo estás en peligro, pero tampoco te agobies ni te estreses: analiza por qué no estás vendiendo y empieza a cambiar pequeñas cosas en tu estrategia y modo en que realizas tus visitas de ventas. Poco a poco verás cómo tus resultados van cambiando.

Nosotros los vendedores no nos dedicamos a azulejar baños, al igual que los delanteros no se dedican a realizar paradas, así que es importante situarse y tú, vendedor que me lees, ya sabes que si no vendes estás fuera, esa es la presión que debemos soportar todos y cada uno de los días del año. Si no estás preparado para asumir esta presión pide ayuda y, si después de recibirla sigues estando angustiado y estresado por no conseguir resultados, puede que esta no sea tu profesión.

No se trata de trabajar mucho sino de trabajar bien, de ser cada vez mejor profesional, de segmentar mejor, de calificar impecablemente. Todo esto no se consigue en dos días, ni en dos años, requiere de luces y sombras, de rechazos, visitas desastrosas, visitas brillantes, días de lluvia, días de frío y nieve, días de desgaste de suela y días de sentirte un verdadero impostor. De esto va esta maravillosa profesión: se aprende en la calle, no en los manuales, se aprende juntándote con los mejores, no con vendedores repetidos. Como te decía, esta profesión en particular, y la vida en general, es una carrera de fondo. Si eres capaz de superar los primeros cinco años de profesión estarás en el camino de convertirte en un verdadero profesional de las ventas y conseguirás mejores resultados invirtiendo menos tiempo. Pasados estos primeros años descubrirás lo que la profesión de las ventas te va a aportar, no solo en tu profesión sino también en tu vida. Lograrás convertir tus debilidades en activos aliados en lugar de en enemigos. Mi experiencia me ha enseñado que tú te marcas los objetivos, tú decides invertir en ti si la empresa para la que trabajas decide no hacerlo. Tú eres el principal responsable de tu crecimiento como profesional, así que, si te dedicas a las ventas, vende y déjate de milongas expresadas por aquellos que tienen siempre una excusa o cientos para su pobre desempeño. Tú debes ser responsable, lo que se traduce en que tú eliges tu respuesta. Comprométete con la excelencia y con los resultados, lo demás no importa siempre que vendas con ética.

Consejo:
Invierte en el arma de ventas más poderosa, tú mismo.

1. SITUACIÓN ACTUAL

A. VENTAS EN EL SIGLO XXI

El entorno actual es extremadamente competitivo, complejo, exigente, global e interconectado.

Las fórmulas de ayer no sirven hoy. El entorno actual exige lo mejor de las empresas y de sus vendedores, que son su principal activo. El mercado demanda diferenciación y valor constante, así que el día que dejas de diferenciarte y actualizarte empiezas a desaparecer. Ante la ingente cantidad de información que inunda nuestras vidas no solo hay que aprender a organizarla, sino que tenemos que usar todas las herramientas que el siglo XXI pone a nuestro alcance para ser eficientes y exitosos. No es suficiente comprar el último manual, sino que debes integrarlo: conocimientos, nuevas tecnologías y avances. Y hacerlo con la constante capacitación de los equipos de venta. Las empresas ancladas en fórmulas del pasado desaparecerán, mientras que las que se adapten y utilicen todo a su disposición, triunfarán. Al fin y al cabo, la conocida fórmula Darwiniana no hablaba de la supervivencia del más fuerte, sino del que mejor se adapte.

El cambio no solo se está produciendo ahora mismo, sino que, además, lo está haciendo cada vez más rápido. Los estudiantes de primaria de hoy trabajarán en puestos de trabajo que todavía no existen, las empresas dispondrán de muchísimas más vías de acceso a nuevos proveedores por lo que conservar clientes será cada vez más difícil. La pelea será cada vez más encarnizada y global: ya no competiremos con la empresa del polígono de al lado, sino que lo haremos con una que se encuentra a miles de kilómetros de distancia. Los servicios de atención al cliente recibirán correos y llamadas de clientes más exigentes y con menos paciencia. En un futuro muy próximo pasará lo siguiente:

El consumo y las soluciones rápidas estarán a la orden del día.

Las generaciones Z (1994-2010) y posteriores lo verán todo de una manera distinta a nosotros, por lo que nuestras empresas, procesos y su orientación deberán estar preparados para cuando estas generaciones lleguen a los puestos de mando.

De la abundancia de demanda pasaremos a una abundancia de oferta aún mayor que la actual.

Estos cambios conllevarán una importante reducción de márgenes.

En este escenario aparecerán plataformas y portales de compras más grandes e interconectados.

Todo esto obligará a la concentración de empresas para poder competir con las grandes.

Como consecuencia, se realizarán más operaciones de compra por parte de grandes empresas de otras más pequeñas.

Desaparecerán las empresas menos preparadas, las que no se adapten.

Aumentarán paulatinamente las fuerzas de venta en todos los países.

Esto conllevará a la deslocalización de vendedores.

Y, en consecuencia, crecerá la dificultad para contratar fuerza comercial.

Y también será difícil retener el talento.

Lo que obligará a una orientación comercial creciente en las empresas.

En definitiva, los vendedores se transformarán e integrarán las nuevas tecnologías en su labor comercial.

Ante este panorama no nos queda otro remedio que prepararnos, y debemos empezar a hacerlo ahora.

A menudo me encuentro empresas que siguen funcionando como en el pasado: sus vendedores hacen lo mismo, afrontan las objeciones de la misma manera, los protocolos de actuación comercial son los mismos, hacen las presentaciones de la misma forma y se dirigen únicamente a un solo interlocutor, no se preparan las visitas, tienen las mismas creencias limitantes que en el pasado e innovan poco. Todo esto lo hacen cuando el mercado se ha convertido en un grandísimo fagocitador de empresas mediocres: si no te diferencias, el rodillo de la homogeneización pasará por encima de ti. Hoy en día es más fácil que hace veinte años aplicar los principios del *Benchmarking*[1]. Al tener acceso a la información de manera mucho más fácil y rápida que en pasado, aquello que antes representaba una ventaja competitiva ya no lo es, porque es accesible para todo el mundo.

Así que, en esta situación, la única manera de vender es a través de la pericia del vendedor, y si esta falla, los vendidos somos nosotros.

Consejo:
Si te dedicas a ventas a largo plazo, pregúntate con cuántas personas hablas dentro de una empresa. Y si te dedicas a ventas simples a corto plazo, pregúntate cuántas veces «refrescas» tus discursos de ventas.

---

[1] *Benchmarking* hace referencia al proceso de copia y mejora de productos o servicios similares.

B. QUÉ ES VENDER

En ventas se aprende en la calle y son necesarias las vacunas (rechazos).

Hay una fase muy crítica en todo júnior[2]: cuando ese vendedor con nula experiencia sale a la calle. Con demasiada frecuencia no recibirá el apoyo en calle de un mentor, sino que aprenderá a golpe de fallos y rechazos. Como no tiene la suficiente experiencia, los fracasos no tardan en llegar y al principio son mucho más abundantes que los aciertos.

Esta travesía inicial del vendedor júnior por el desierto es la parte más delicada. Nunca llegan los oasis, por lo que es la fase en la que se producen más abandonos. Incluso puede que estos rechazos acaben por marcar de por vida al vendedor que, desmotivado, llegará a dudar de sí mismo y no querrá posiblemente volver a oír la palabra «ventas» en su vida.

Pero lo cierto es que el júnior necesita los rechazos. Los necesita para aprender y sobreponerse a ellos y eso no viene en ningún curso de ventas. Necesita aprender e interiorizar conductas y estas se aprenden en nuestro amado campo de batalla que forja a los mejores gladiadores: la calle. Es la calle la que curte y modela a los mejores vendedores del mundo, así que la persistencia, la paciencia y el optimismo se antojan indispensables en esta profesión.

Consejo:
Cuando contrates a júniors sin experiencia, estate encima de ellos especialmente en los primeros meses. En esos meses envía a tus mejores vendedores a hacer mentorización con ellos.

---

[2] Júnior se refiere a aquel vendedor con menos de cinco años de experiencia en ventas.

Pero, ¿qué es vender?

Cuando hago esta pregunta, las respuestas son muy variadas, al fin y al cabo, no todos entendemos esta profesión de la misma manera. He seleccionado las respuestas más frecuentes que me he encontrado:

1. Satisfacer las necesidades de mis clientes.
2. El intercambio de bienes a cambio del pago de un dinero.
3. Es el arte de ayudar a comprar.

Si te fijas en las dos primeras, se tratan de dos respuestas correctas. A pesar de que no tengo nada que objetar, sin embargo, las veo frías, puramente de *marketing*. No veo ninguna pasión hacia esta profesión, ninguna emoción, solo veo técnica y cerebro racional. Si nos fijamos en la tercera, de mi amigo Neil Revilla, autor y formador en *Social Selling*[3] y director de los Congresos de Ventas «Conecta & Cierra» vemos dos partes: la primera es la que se refiere a las ventas como un arte. Vender es un arte que debemos aprender, recordar el guion e interpretarlo de la manera más convincente delante del cliente.

La segunda parte tiene que ver con ayudar al cliente a tomar la mejor decisión de compra mediante una de nuestras principales herramientas: el lenguaje de la persuasión. Esta definición me gusta más, y le voy a dar una pequeña vuelta de tuerca, porque de la persuasión voy a pasar a la seducción.

Mi definición de las ventas es la siguiente: «Vender es transmitir experiencias memorables a mis clientes seduciéndolos en un baile armónico mientras hacemos crecer su negocio».

Si ponemos por delante a las personas, a nuestros clientes, conseguiremos relaciones a largo plazo. Si queremos fidelizar a nuestros clientes deberemos traspasar la barrera mercadotécnica para ser capaces de interactuar con el ser humano

---

[3] *Social Selling* es el arte de vender en entornos sociales.

que se esconde tras una marca o una empresa. Solo si somos capaces de dejar parte de nosotros en cada visita de ventas, solo si somos capaces de interpretar un guion dejando tras de nosotros un recuerdo memorable conseguiremos que nuestro cliente potencial quiera volver a vernos para empezar una relación comercial con nosotros.

Si somos capaces de conseguir un *rapport*[4] intenso y emocional de persona a persona —y no solo de profesional a profesional— estaremos construyendo una relación saludable con futuro y a prueba de competidores, siempre, claro está, que no te duermas en los laureles y dejes de aportarle valor al cliente.

Consejo:
Traspasa la mera relación profesional con tu cliente, esfuérzate en hacerle feliz con cada intercambio comercial que tengas con él. Las ventas son intercambios que se establecen entre seres humanos.

Si lo que aprendes en una formación no lo pones en práctica inmediatamente, no habrá servido de nada.

Muchas empresas contratan formación con la esperanza de que esta sirva a sus vendedores de espoleta en sus resultados. No obstante, después de recibirla algunas comprueban cómo las cosas siguen más o menos igual y otras cómo ha cambiado algo en los vendedores: su actitud ante esta profesión. Esa actitud hace que se comprometan a poner en práctica lo que han aprendido de forma que se consigue el afianzamiento de los conceptos de la mejor forma posible: practicando en la calle.

Si los vendedores no ponemos en práctica lo que aprendemos en los cursos, esta formación habrá servido de muy poco. Pero esto no debemos hacerlo porque nuestro jefe o formador nos lo diga, debemos hacerlo porque queremos, porque que-

---

[4] *Rapport* se refiere a la sintonía establecida entre el cliente y el vendedor.

remos ser cada vez mejores profesionales, queremos conseguir más y mejores cierres y queremos comprometernos a darlo todo, sin reservas. Nuestra actitud nace desde lo más profundo del corazón. Esto es lo que hacen los mejores. El resto deja el material en una estantería almacenando polvo.

Según la PNL (Programación Neurolingüística), existen cuatro niveles de aprendizaje:

1. *Incompetencia Inconsciente*: Aquí están los famosos «YOYAS». Son personas que están de vuelta de todo, han inventado todo y creen firmemente que nada pueden aprender y nadie les puede enseñar nada más. Han inventado el último método de ventas antes incluso de que sea publicado. No quieren aprender y, por lo tanto, nunca van a prosperar. Son profesionales que ya no experimentarán avances significativos en sus resultados de ventas. Es triste, pero cierto: son los funcionarios de las ventas, los recoge pedidos, quienes van a lo fácil. Si piensas que lo sabes todo en ventas estás acabado. Este es el principio del fin de un vendedor. Estos vendedores han perdido la fuerza, la ilusión, venden sin pasión, son planos y aburren. ¿Hace cuánto tiempo que no aprendes algo nuevo? Si crees que ya lo sabes todo en ventas, has empezado a convertirte en un vendedor mediocre. Debes mantener vivo y fresco el deseo por mejorar día a día con la ilusión de un novato. Tus clientes te lo agradecerán y estarás invirtiendo en fidelización. Siempre se pueden aprender cosas; pensar que lo sabes todo es poco inteligente, y más en los tiempos que corren.

2. *Incompetencia Consciente*: este es el primer paso del aprendizaje. Desde la humildad se es consciente de las propias limitaciones y se está dispuesto a dar un paso al frente. Este vendedor lo primero que hace es formarse para adquirir nuevas habilidades y destrezas que le permitan subir al siguiente nivel. Todavía nos movemos en el plano teórico.

3. *Competencia Consciente*: Aquí el vendedor ya está aplicando los conocimientos adquiridos en la calle, pero siente que tiene que pensar cuando los está poniendo en práctica. Se siente un poco torpe y lento. Es como el alumno de autoescuela que cuando coge el coche por primera vez tiene que mirar todos los elementos del coche y no mira tanto a la carretera, tiene que pensar si mete primera o segunda cuando sale de una rotonda. Está practicando, por lo que está viendo que sus resultados están creciendo. Siente que debe practicar mucho más para que esas destrezas aprendidas sean aplicadas de manera natural y automática.

4. *Competencia Inconsciente*: Ya somos expertos, ya hemos practicado más de 10.000 horas (según Anders Ericson). Ahora no tenemos que pensar para poner en práctica lo aprendido, hemos automatizado conductas que afloran sin que la parte consciente del cerebro intervenga, lo hacemos de manera natural y todo sale mucho más fluido en la visita de ventas. El *rapport* conseguido con nuestro cliente es más potente. No somos conscientes de las técnicas que estamos aplicando en la visita de ventas ya que las hemos automatizado, tanto es así que el cliente potencial no percibe que estamos aplicando estas técnicas con él. Metemos marcha sin pensar, «conducimos» la visita de ventas sin tener que mirar la palanca de cambios. Por ese motivo, cuando formo a mis clientes, estos se preocupan por cómo, cuándo y qué técnicas aplicar en las visitas, y mi respuesta es siempre la misma: práctica, práctica, práctica.

Es la única manera de asentar las cosas, de hacer tuyas las técnicas aprendidas.

Consejo:
Elige cada semana practicar una técnica aprendida. Hazlo hasta que la domines y no se note que la estás aplicando. Todo

lo que enseño en mis cursos sobre mi Método Sell it, lo he practicado y automatizado. Puedo decir por tanto que funciona en mis ventas y en las de mis clientes.

No se le puede vender a todo el mundo, asúmelo. No gastes tiempo en aquellos que nunca entenderán tu producto.

Hay una premisa que debemos asumir, y es que no todo el mundo va a valorar de la misma manera tu producto o servicio. En demasiadas ocasiones las empresas piensan y diseñan sus objetivos sin conocer exactamente quién es su cliente y piensan, con un exceso de optimismo, que no necesitan realizar ninguna segmentación. Te recomiendo que leas el libro de Seth Godin *La vaca púrpura*. De hecho, existen grandes empresas a día de hoy que no segmentan. Esto hace que inviertan recursos ingentes en abarcar todo el mercado posible, con lo que venderán, pero a costa de invertir demasiado. Con lo que la baja eficiencia afectará a la rentabilidad de esas operaciones y por ende a la propia empresa.

Dentro de las estrategias a seguir en ventas puedes elegir la de diferenciación en coste, que te llevará a pelear siempre el precio. Este tipo de clientes no valoran lo que aportes de valor añadido por encima de la media, ya que ellos quieren el precio. Es importante que los tengas identificados, ya que si tu estrategia es de diferenciación en base a producto y eliges visitar a clientes precio estarás perdiendo tu tiempo y tu dinero, ya que estos clientes se irán por precio a la más mínima oportunidad.

Según mi experiencia, si mantienes un cliente bajando precios, tarde o temprano este se te irá por el mismo motivo, por precio. Cuando tu única estrategia es la del «Océano rojo» donde todos van con el cuchillo entre los dientes, prepárate para perder clientes continuamente y a invertir en generar nuevos constantemente. Estos clientes no merecen la pena. Invertir tiempo y esfuerzo en ellos no lo van a valorar nunca.

Consejo:
Selecciona muy bien las batallas en las que tengas todas las papeletas para ganar y desestima aquellas que nunca vas a ganar.

En ventas hay un factor diferenciador: preocuparte por tu cliente de verdad y hacer crecer su negocio.

En ocasiones veo cursos destinados a cerrar ventas en treinta segundos. Otros te aseguran incrementos del 500 % en un mes. La mayoría emplea titulares mágicos para atraer a incautos que piensan que pueden coger atajos para convertirse en vendedores de primera. No estoy en absoluto de acuerdo con estas técnicas rápidas que no fomentan el *rapport* y que, por consiguiente, no establecen relaciones comerciales a medio y largo plazo.

Parece que el cliente es una vaca a la que exprimir al máximo hasta que no le quede ni una sola gota de leche. Me da la sensación, por los debates que suscitan estas técnicas, que el foco no es el cliente sino cómo hacer crecer nuestra facturación. En el momento en el que ves al cliente como una fuente de ingresos y no como alguien a quien ayudar, en ese mismo momento empiezas a perderlo. Ganarás una venta pero perderás un cliente. Podrás utilizar mil técnicas que consigan resultados a corto plazo, pero a la larga todas las ventas en las que interviene la presión, en las que el importante es el vendedor y no el cliente, se acaban cayendo.

Por mucho que algunas personas piensen en términos de eficiencia, y no en los problemas del cliente y en cómo hacer crecer su negocio, por mucho que haya quien piense que usando solo el hemisferio de los datos y cifras (el racional) podrá triunfar en ventas, estas siempre versarán sobre las emociones que podemos generar y que no se pueden acelerar ni eliminar. La manipulación es un triunfo del corto plazo y de los atajos que llevan a caminos sin salida.

Consejo:
Invierte tiempo en generar *rapport*, y ese tiempo es superior a treinta segundos, créeme. Todo lo demás vendrá a continuación. Cada persona necesita tiempos diferentes para establecerlo, por lo que establecer recetas universales no funciona. Si inviertes una parte importante de tu visita en generarlo, todo será más fácil y el cierre estará más cerca.

Encabezamiento de un artículo de El Mundo de 2017: ¿Estudiaste una carrera y trabajas de comercial?

https://amp.elmundo.es/economia/2017/02/23/58add15fe5f deaa0548b46b3.html

Impresiona leer ciertos titulares escritos desde la más absoluta de las ignorancias y falta de respeto hacia esta profesión. Parece ser que trabajar de comercial no requiere de ninguna titulación superior, y que es una profesión que puede ejercer cualquiera siempre que le vengan mal dadas. Es como decir que la de vendedor debería ser la última en nuestra lista de prioridades, ya que es una profesión de segunda categoría.

Pero es que dentro del artículo lo «arregla» todavía más afirmando: «El 68 % de los jóvenes trabaja en puestos para los que están sobrecualificados».

Viene a reforzar el titular, afirmando que las ventas no requieren de ninguna cualificación especial, que todo el mundo está capacitado para ejercerla. Un licenciado tiene demasiados conocimientos como para ser de necesaria utilización en esta profesión; profesión sencilla donde las haya, en la que no es necesario saber mucho para poder ejercerla con garantías de éxito.

Este artículo obvia algo muy importante, y es que la profesión de vendedor es la más completa y compleja del mundo. Intervienen innumerables disciplinas del conocimiento humano, tales como la psicología, la psicología positiva, la PNL (Programación Neurolingüística), el *Storytelling*[5], la neurociencia, el *Social Selling*, etc.; todos ellos integrados en mi Método Sell it. El secreto radica en la adecuada combinación de todas estas disciplinas, en su uso preciso en el momento adecuado y en la capacidad que tengamos de seducir al cliente. Y esto no está al alcance de cualquiera, con o sin estudios.

Con esto no quiero decir que haya que tener titulaciones superiores e innumerables másteres para ejercerla, pero sí hay que manejar mucho conocimiento del bueno para poder destacar en esta selva que son las ventas del siglo XXI.

Consejo:
Si piensas que esta profesión es fácil y que solo con ser simpático y tener facilidad de palabra es suficiente, cambia de profesión. Habrá otras que requieran menos recursos personales y cognitivos.

Las ventas no necesitan ser dignificadas.

Surgen muchos formadores y consultores en ventas que sostienen lo que afirma la frase. No estoy en absoluto de acuerdo, ya que las ventas son dignas desde el inicio de los tiempos y no necesitan que nadie las dignifique, aunque sí necesitan ser conocidas. Constituyeron la base sobre la que se crearon las ciudades, los estados y los imperios, así que siempre han jugado un papel relevante en la historia humana y su desarrollo como comunidad. Sin las ventas no se habría llegado nunca al nivel de desarrollo económico del que goza la sociedad moderna.

---

[5] *Storytelling* se refiere al arte de contar historias.

Los países del mundo con mayor PIB y mayor crecimiento económico son aquellos con mayor fuerza de ventas en relación con las fuerzas laborales restantes. Daniel H. Pink, en su libro *Vender es humano,* habla de las fuerzas de ventas de los países más desarrollados del mundo y las estadísticas hablan por sí solas:

1. EE. UU.: Uno de cada nueve trabajadores es vendedor.
2. Reino Unido: Uno de cada nueve trabajadores es vendedor.
3. Canadá: Uno de cada nueve trabajadores es vendedor.
4. Japón: Uno de cada ocho trabajadores es vendedor.

¿Aún sigues pensando que necesitan ser dignificadas? Las ventas son una profesión digna *per se.* Una profesión de la que deberías sentirte orgulloso de pronunciar; la que, a nivel personal, me lo ha dado todo, no solo mi nivel de vida, sino amigos, desarrollo y sobre todo posibilidades de hacer muchas cosas el día de mañana, todo ello con una base en común, las ventas. Las ventas son la base de cualquier civilización; si estas se desmoronan, la civilización también.

Consejo:
Siéntete orgulloso de la mejor profesión del mundo. Siente que estás en la profesión que mayor desarrollo personal te va a traer en la vida. Las ventas son la base de todo, de las relaciones de pareja, de amigos, de socios para futuros proyectos, de proyectos que quieras desarrollar. No necesitan ser dignificadas y sí necesitan ser amadas. Nunca han perdido su dignidad y su estatus pero sí han sido muy mal utilizadas. Esfuérzate en descubrir en qué consisten realmente.

C. VENDEDORES ESTRELLA

Exigir más al mejor es justo, pero también debe reflejarse en sus condiciones económicas.

Si quieres retener el talento comercial debes ser justo con los vendedores estrella. Es esperable que exijas más al que más capacidades tiene, pero bajo ningún concepto debes igualarle en sus condiciones económicas y premios al rendimiento tales como los bonus, con los compañeros que venden menos. Si el esfuerzo por conseguir mejores resultados es mayor, si la selección de clientes es más ambiciosa e inteligente, ello debe ser reflejado en las condiciones cualitativas y cuantitativas de esos vendedores estrella.

No trates a todo el mundo igual, no todo el mundo vende lo mismo ni necesita lo mismo. Si lo haces, el talento huirá. Para retener a los mejores, no los trates como a los demás, se merecen una atención especial. Ofrecer el mismo menú a todos sabiendo que a unos les gusta la carne, otros son intolerantes al gluten, y otros son veganos, no funciona y es muy peligroso, ya que trasladas este mensaje al vendedor estrella: «Vendas lo que vendas no eres más que nadie, así que no recibirás un trato especial, no vaya a ser que los que menos venden se enfaden».

¿Se ve lo peligroso de este pensamiento? Por retener a los que menos venden pongo en peligro la retención de los vendedores estrella. ¿Es inteligente esta decisión? ¿Qué porcentaje de las ventas totales pongo en peligro cada año tomando esta decisión?

Los unicornios de las ventas no comen lo mismo que las cebras, ni que los castores. Necesitan un reconocimiento especial, si no es en público, por lo menos en privado y de forma diferente al resto. Las palmaditas en la espalda al vendedor estrella no le sirven, él ya es conocedor de su valía; nunca le vienen mal, pero necesita que se le reconozca su trabajo y si no lo hacemos no nos deberíamos preocupar, alguien lo hará por nosotros.

El mercado anda muy escaso de vendedores, y de vendedores estrella mucho más. Está constantemente sondeando el mercado en busca de estos unicornios, así que empieza a preocuparte si tratas a tu equipo igual para no establecer diferencias y agravios comparativos. Los mejores se merecen un trato especial. Según la teoría sobre Liderazgo Situacional de Hersey y Blanchard, si no motivamos a los mejores, estos se irán. Perder un M4 es el principio del fin. Cada uno de estos cuatro perfiles requieren de acciones concretas. Lo más rentable para la empresa es reconvertir aquellos M3 que han perdido la motivación en M4. Los M2 requieren de inversión en capacitación. Si la rotación es alta nunca tendremos M4 y sí gastaremos ingentes recursos en seleccionar, formar y motivar.

Fuente: Hersey y Blanchard

www.iosulazcoz.es

Figura 1

Consejo:
Prima a los que más venden de manera exclusiva y diferente al resto. No puedes igualar para que no haya desigualdades, si

lo haces estarás precisamente generándolas. Las retribuciones no siempre deben ser cuantitativas, sino que también existen otras muchas fórmulas para satisfacer al vendedor. Adáptalas a cada uno de ellos ya que a todos no les motiva lo mismo.

No te molestes si tu vendedor gana mucho.

Veo con una frecuencia inusitada que muchas empresas no están preparadas en absoluto dentro de sus políticas de retribución para que sus comerciales ganen cada vez más dinero. Para impedirlo, diseñan unos objetivos y escalados que obligan siempre al vendedor a dar el 300 %, pensando que sus recursos personales y físicos son inagotables. Piensan que sus ganas y su energía es la misma que cuando entraron en la empresa hace veinte años. A los vendedores estrella, que normalmente son séniors, no les puedes pedir el mismo esfuerzo físico a la hora de hacer cierto número de visitas que cuando tenían veinte años menos. Esta raza de vendedores necesita nuevos estímulos, no solamente los basados en la recompensa. Estudios realizados por Edward L. Deci, de la Universidad de Rochester, concluyen que las motivaciones extrínsecas son condiciones necesarias, pero no suficientes, para mejorar el desempeño laboral. Sin embargo, en ventas nos empeñamos en funcionar únicamente con las recompensas extrínsecas, olvidándonos del todo de las motivaciones intrínsecas.

Claro está que, si la motivación extrínseca es pequeña y difícil de conseguir, la desmotivación de tu equipo de ventas está servida.

Hay que estar preparado si se dirige una empresa para que el vendedor gane cada vez más y favorecer que obtenga una recompensa tangible por su crecimiento, sea material o no. El empresario, para con estos vendedores, tiene que tener mentalidad a medio y largo plazo. Este debe preguntarse por el incremento del poder adquisitivo que ha experimentado ese vendedor en los años que lleva en la empresa. Si el vendedor ha crecido en facturación, ha mejorado márgenes, ha mejorado la calidad de los clientes y comprueba que sus ingresos han crecido muy por debajo de su incremento de resultados, ese vendedor se desmoralizará. Si no hay un plan de carrera y desarrollo para los vendedores estrella, estos se marcharán.

Muchas empresas fijan techos de cristal que ocultan al vendedor la verdadera realidad, y que representan la barrera que siempre establecen para que no ganes más dinero. Cuando se llega a un nivel, al año siguiente te lo pondrán mucho más difícil para evitar que ganes más, topándote de bruces con esos techos de cristal.

No quiero que me malinterpretes: los vendedores siempre tenemos que estar en constante progresión personal y de resultados, debemos crecer para mantener la estructura operativa de la empresa; los gastos suben y cada año resulta más caro mantener los costes fijos de la misma, por lo que siempre deberemos crecer. Ahora bien, el espíritu de esta reflexión tiene más que ver con aquellas empresas a las que no les gusta que el vendedor gane mucho dinero sin saber muy bien la razón. Si el vendedor vende más, y lo hace con unos márgenes razonables, la empresa gana más. Esto es así, aquí y en Pernambuco. Para crecer eternamente la única manera es trabajar cada vez más, ya que también perderás clientes. Así que para compensarlo y para cubrir la cifra que te piden, tendrás que incrementar el número de visitas. Así que en lugar de casarte con tu mujer te casarás con la empresa y la conciliación será cada vez más difícil. Esto, a largo plazo, no es ni saludable ni sostenible.

Por suerte hay empresarios que no piensan igual, y cito a mi tío, Santiago Cuellar, propietario de la empresa de suministros industriales ACEDESA. Él siempre me decía que le encantaba que sus vendedores estrella ganaran cada vez más dinero, ya que eso era señal de que la empresa también lo hacía. Me comentaba lo que ganaban los mejores y pude comprobar el crecimiento exponencial del que disfruta esta empresa desde que sigue la política que rompe estos llamados techos de cristal.

El trabajo de vendedor es un trabajo muy duro, en el que te examinan todos los días, en el que la espada de Damocles está siempre cerca, en el que al trabajar con el coche tu seguridad es siempre puesta a prueba, en la que pasas frío en la calle, te mojas, te sometes a los rechazos de los clientes, a las pérdidas de clientes, te sometes en ocasiones a malos modos; y es una profesión en la que quien se expone es la propia persona. Cada día empiezas de 0, no importa lo que se haya vendido ayer. Es la profesión que funda las empresas y la que las arruina también. Bien merece que sea retribuida en su justa medida.

Consejo:
Si eres un CEO[6] mentalízate de que un comercial que gana cada vez más es un comercial contento. Y un comercial contento vende cada vez más.

Hay otros factores en la felicidad del vendedor, pero no nos engañemos, este es el más importante.

Los mejores vendedores del mundo no solo se forman en ventas.

Parece que para ser vendedor con formarte en técnicas y métodos de venta es suficiente, pero resulta que como las ventas van de intercambios entre seres humanos, nos deberemos formar también en aspectos como inteligencia emocional, psicología, *neuromarketing*, neuroventas, *Social Selling*, comportamiento humano, PNL, *storytelling*, lenguaje no verbal, técnicas actorales, etc. Si quieres acercarte cada vez más a la excelencia en tu profesión, no te quedes quieto, avanza y camina hacia una versión tuya en la que las visitas sean cada vez más efectivas, donde seas capaz de integrar todo lo que estás aprendiendo. Camina hacia un lugar en el que se domine el arte de seducir a las personas.

---

[6] CEO son las siglas en inglés de Chief Executive Officer, el equivalente en español a Director General.

Voy a plantear un sencillo cuestionario de diez preguntas. Si respondes NO a más de cinco habrás suspendido, pero no te preocupes, no te voy a examinar en septiembre. Si sacas menos de siete, deberías ponerte manos a la obra.

Hay excelentes obras y excelentes formadores que te están esperando:

1. ¿Conoces alguna de las técnicas que emplean los actores profesionales en el escenario?
2. ¿Sabes recrear el estado óptimo de ánimo a voluntad antes de empezar una visita?
3. ¿Sabes contar historias?
4. ¿Conoces las técnicas que emplearon los conferenciantes en los mejores TED[7] de la historia?
5. ¿Sabes cómo decide el cerebro?
6. Nombra tres aspectos en los que difiere la venta a una mujer de la de a un hombre.
7. ¿Sabes en cuánto tiempo decide el cerebro límbico?
8. ¿Sabes qué es la PNL?
9. Nombra a tres autores/autoras de ventas que hayas leído en el último año.
10. ¿Conoces algún método para discutir tus creencias?

Las ventas son como la vida misma: son tan complejas como la vida misma y tan preciosas como la vida misma. Por ello no te limites únicamente a formarte sobre ventas, fórmate en todo lo demás, serás un vendedor mucho más completo, mucho más potente, serás un vendedor más humano y eso te acelerará los resultados y tu satisfacción personal y profesional. Créeme cuando te digo que no hay muchos vendedores que lo estén haciendo ahora mismo, por lo que formarte en todo lo expuesto anteriormente constituye un poderoso elemento de diferenciación.

---

[7] TED son conferencias que tratan sobre Tecnología, Entretenimiento y Diseño. www.ted.com.

Si acudes a una formación de ventas porque te lo manda la empresa y lo haces por obligación tienes un problema. Si solo te formas con lo que la empresa te facilita, tienes otro problema. Si todo lo haces por obligación y no por deseo la formación no funcionará, tus ventas no despegarán.

Consejo:
Elige una disciplina al año y lee libros relacionados con ella, visiona vídeos, asiste a formaciones y conferencias de profesionales reputados en tu ciudad o en otras y, sobre todo, practica todo lo que estás aprendiendo. Verás como al cabo de poco tiempo tus resultados irán mejorando.

Los mejores vendedores del mundo caen bien

Es una condición necesaria, pero no suficiente. Nos gusta relacionarnos con personas que nos caen bien, hacemos negocios con ellas, nos casamos con ellas, etc. Cuando alguien nos cae mal, encontraremos mil y una excusas para no recibir al comercial, diremos que estamos reunidos o que nos hemos ido de viaje; te suena, ¿verdad?

Este primer paso se consigue trasladando el foco desde nuestra empresa hacia la de nuestro cliente. Generar *rapport* con él es la base de la pirámide para construir una relación, como indico en la figura 2:

Esta adaptación o *rapport* con el cliente la puedes conseguir si combinas estos elementos que cito a continuación:

- Personalidad del comprador (Metodología DISC).
- Estilos preponderantes de comunicación no verbal de la Metodología VAK (visual, auditivo y kinestésico).
- Lenguaje no verbal.
- Tono, Ritmo, Volumen del emisor.
- Respiración.

Eficacia en ventas

Figura 2

- Lenguaje proxémico (de proximidad).
- Escucha activa.
- Porcentaje del tiempo hablando de nuestro producto o servicio.
- Sonrisa sincera.
- Aprecio sincero expresado verbalmente.

En ese preciso instante en el que el cliente siente que no le quieres vender sino ayudar, que no le vas a vender lo que sea con tal de facturar sino aquello que soluciona sus problemas, que no estás tan preocupado en tus objetivos y sí en él, en ese preciso momento acabas de ganarte su confianza. Si estás dispuesto a dejar de facturar por ser honesto con él, si lo haces tendrás un cliente fiel. Ahora dependerá de ti aportar valor de forma continuada para serle siempre útil.

Consejo:
Invierte el porcentaje mayor de tiempo de la visita en establecer sintonía con tu cliente, una vez la hayas establecido, podrás continuar, de lo contrario arruinarás tu presentación de ventas.

Hay una cosa que hacen los mejores vendedores del mundo: formarse.

El vendedor estrella del siglo XXI integra todo lo que sabe del siglo pasado e incorpora toda la revolución de conocimiento que le trae este. Tiene la suficiente humildad para ser consciente de sus limitaciones y le pone remedio.

Para diferenciarse del resto de vendedores monocromáticos, el vendedor estrella sabe lo que tiene que hacer, y eso es formarse. Lo hace con profesionales reputados y expertos en la materia que imparten, y después de haber recibido esa formación la pone en práctica.

Siempre están en constante movimiento y son conscientes del camino que han de recorrer si se comprometen con la excelencia. Se relacionan con profesionales excelentes y aprenden de ellos. Su iniciativa personal trasciende la de la empresa, ya que estos vendedores exploran nuevas vías para ser cada vez mejores. Son inconformistas por naturaleza, nunca descansan y siempre son los que más venden.

Cuando te formas, a la par que abres una puerta al conocimiento se abren el doble de ventanas, así que siempre estás aprendiendo. Si no que le pregunten a Sócrates cuando dijo: «solo sé que no sé nada».

Nuevas disciplinas que complementan lo aprendido hacen que los vendedores siempre estemos formándonos en aquellas temáticas que nos hagan ser cada vez mejores profesionales.

A mí me sucede continuamente, cuando acabo un curso, me doy cuenta de la cantidad de formación que me falta y sé que en una vida seré del todo incapaz de aprenderlo todo, así que me lo tomo con un poco más de calma que en el pasado. Recuerdo cuando acabé mi formación de Experto en DISC[8] en Alicante. Me abrió más «ventanas» de las que creía que tenía el edificio y me puse impaciente por hacer el siguiente grado. Cuando acabé el máster en Coaching con PNL, me di cuenta de lo potente que es el *coaching* y de los distintos tipos que existen. Surgían ante mí diferentes tipos de *coaching* que representaban diversas maneras de ayudar mejor a mis clientes.

Consejo:
Cuando te formes con alguien, investiga su trayectoria, mira el grosor de la suela de sus zapatos, investiga si ha vendido alguna vez. Hay formadores que son expertos en fusilar contenidos, hay otros que nunca han vendido ni pertenecido a un equipo de ventas. Mantente vigilante con este tema.

Consejo:
Busca siempre la vanguardia en tu formación, busca disciplinas que no tengan que ser de ventas especialmente, sino que tengan que ver con el comportamiento, la mente de los seres humanos y las formas de seducirla.

Los vendedores de éxito se diferencian en base a: 1. Su producto/servicio; 2. Su maestría; 3. Su persona.

La primera vía de diferenciación es el PRODUCTO. Hoy en día el rodillo de la homogeneización funciona a pleno rendimiento, es decir, los productos son copiados a velocidad de vértigo, cada vez se parecen más y es más difícil vender ventajas competitivas del nuestro. Cada día fluye de manera más viral y rápida la información relativa a productos nuevos que salen al

---

[8] Metodología DISC sobre perfiles conductuales desarrollado por William Martson.

mercado. Las ventajas competitivas de hoy se diluyen a la velocidad del rayo y la obsolescencia de los productos de hoy cada día aparece antes. Las empresas en este punto se enfrentan a un dilema: innovar o morir.

Figura 3

No todos los vendedores venden una gran marca. Para ello un vendedor profesional debe ser capaz de generar tanto valor con su producto que sea capaz de eclipsar a marcas mucho más reconocidas. Este vendedor representa al departamento de *marketing*, al *community manager*[9], al responsable de marca, es decir, él es la empresa entera delante del cliente. Al final la percepción de valor del cliente será la que inclinará la balanza hacia un lado o hacia el otro.

Otra de las maneras de diferenciarse que tiene el vendedor es en base a la MAESTRÍA que muestra en su visita de ventas.

Cuando el cliente comprueba el nivel profesional del vendedor, su nivel de confianza sube como la espuma. Esta maestría se puede demostrar de muchas maneras:

---

[9] Community manager es el gestor de contenidos en redes sociales.

- Conocimiento del producto o servicio al detalle.
- Conocimiento exhaustivo del sector.
- Conocimiento de todas las empresas de la competencia y sus puntos débiles.
- Conocimiento al detalle del cliente potencial al que vas a visitar.
- Capacidad de establecer *rapport* con el cliente potencial.
- Capacidad de emocionar al cliente y de hacerle retorcer en su silla con el relato de sus problemas no solucionados y a menudo desconocidos.
- Capacidad de trasladar el foco del proveedor al cliente potencial.
- Puntualidad.
- Material de visita impecable.
- Respetuoso con la competencia a la que nunca se nombra para denostarla y si se la nombra siempre se hace para bien.
- Manejo del lenguaje no verbal.
- Capacidad de escucha sincera.
- Capacidad de establecer un clima distendido en tu conversación de ventas.

Y la tercera vía de diferenciación es la PERSONA, esta es la que dejará su impronta en la visita, es la que construirá o no experiencias memorables en nuestro cliente potencial en base a sus virtudes como persona. Para ello es vital que ejercites las palancas en las que destacas, que son las fortalezas personales.

A finales de los años 90 dos eminentes psicólogos clínicos, Martin Seligman y Christopher Peterson, estudiaron las virtudes que tenían en común todas las culturas sobre la faz de la tierra en los últimos tres mil años. Resultó que había seis que eran comunes y de ellas pendían veinticuatro fortalezas en total. Te las muestro a continuación en las figuras 4 y 5:

Figura 4 (www-iosulazcoz.es)

Figura 5 (www-iosulazcoz.es)

Aquellas cinco primeras fortalezas que te saldrán cuando hagas el Test VIA de Fortalezas son las palancas que deberás accionar una y otra vez en el trabajo como vendedor. Son las que harán que te diferencies como profesional alejándote de la masa de vendedores fotocopia. Representan tu seña de identidad y en base a ellas dejarás tu huella analógica en el cliente.

Son tu fuerza, y para saber si son tuyas expongo estas pistas:

- Te sientes revitalizado al utilizarlas.
- Siempre estás buscando nuevas vías para ponerlas en práctica en otros ámbitos.
- Tienes la sensación de que es irremediable que entren en acción ya que nacen desde lo más profundo de tu ser y poco puedes hacer para pararlas.
- Cuando las ejerces se detiene el tiempo y tu concentración es máxima.
- La eficacia con la que desarrollas los trabajos es mayor.
- Eres más feliz.
- Eres más productivo.
- Vendes más.
- Fidelizas más.
- Aumenta tu nivel de energía.

En el trabajo es donde más se ponen en práctica.

Cuando aplicas tus principales fortalezas, la pasión brota a borbotones y habla por ti. El cliente potencial interpreta que otros ya han confiado antes en nosotros, de lo contrario no hablaríamos como lo hacemos, esto hace que aumente la confianza en nosotros y en nuestro producto, atrayendo el cierre inevitablemente. Un vendedor que transmite pasión vale por diez. A los clientes potenciales les gusta comprar a vendedores así, por lo que si no lo consigues nunca te instalarás en el nivel alto de los mejores de tu sector. Tú decides si quieres ser uno más o el mejor.

En mis talleres muestro cómo se pueden ejercitar las principales fortalezas del vendedor con ejercicios prácticos que están encaminados a despertar una fuerza dormida. Además, cuento cómo lo aplico en mi trabajo de vendedor. Te puedo asegurar que desde que empecé a ejercitar estas cinco principales palancas de crecimiento, mis resultados fueron creciendo de manera sostenida desde el año 2005 que es cuando empecé a aplicar los principios de la psicología positiva en mi trabajo como vendedor. Te lo muestro a continuación en la figura 6.

Creatividad — Ilusión, entusiasmo, energía
Sentido del humor — Esperanza, optimismo
Perseverancia — Inteligencia social, emocional

Customer experience HB2HB

2006 2007 2008 2009 2010 2011 2012 2013 2014 2015 2016 2017 2018

www.iosulazcoz.es

Figura 6

En ella aparecen mis resultados desde el año 2006 que es cuando empecé a aplicar en mis ventas principios de psicología positiva. En concreto apliqué en mi día a día mis principales fortalezas del carácter que figuran en el gráfico.

Customer experience HB2HB es la experiencia cliente que el vendedor le deja a su cliente potencial. Esta experiencia es tanto más potente si el vendedor actúa desde sus principales fortalezas, es decir, desde la autenticidad. La impronta que dejará será mucho más duradera. Profesional y persona se funden en un solo individuo. HB2HB son las siglas en inglés de Human Being to Human Being, es decir, que las ventas se establecen de ser humano a ser humano.

Consejo:
Realiza el Test de Fortalezas de la Universidad de Pensilvania y empieza a aplicar en tu día a día, cuantas más veces mejor, tus cinco principales fortalezas. El Test lo harás aquí: www.authentichappiness.org

Las empresas deben contagiar el «virus estrella» de sus mejores vendedores al resto del equipo.

Las mejores prácticas de los mejores vendedores de un equipo deben transmitirse al resto. Sin embargo, estos son «asimilados». Y para que el resto no se sienta mal creando agravios comparativos, sus resultados y las prácticas que llevan a ellos, no se replican. Las empresas no suelen aprovechar las posibilidades que tienen al alcance de la mano, que no son otras que las que ofrecen sus mejores vendedores.

«Normalizamos procesos, pero no normalizamos la excelencia».

Las empresas invierten ingentes cantidades de tiempo y dinero en todo lo relativo a los procesos, registros y datos, pero las mejores prácticas comerciales de los mejores se pierden para siempre, no debe ser importante realizar un «modelado» de los mejores. Técnicas que sugiere el formador y coach estadounidense Tonny Robbins. Creemos en una falsa ilusión de la conciencia y en un exceso de optimismo, que nadie es imprescindible en la empresa y en cierto modo es así, pero las consecuencias no solo de no retener el talento, sino de no dejarlo por escrito, pueden resultar fatales. Es como si todos los recursos invertidos en seleccionar, formar, capacitar y motivar a los vendedores los diéramos por perdidos, sin ni siquiera oponer nada de resistencia; es como si pensáramos que siempre habrá talento disponible a ser contratado. Esta premisa ilusa, que no optimista e inteligente, no se cumple, ya que si hay algo complicado en el mercado laboral de este siglo es contratar talento comercial. Y seguro que si ahora que me lees estás seleccionando comerciales sabrás de qué te hablo.

«Cuida a los mejores de manera especial y personalizada y preocúpate de registrar por escrito sus pensamientos y conductas de excelencia. Adiestra al resto con esas prácticas exitosa».

Un equipo que funciona como tal hace que los resultados de la empresa crezcan de manera exponencial, tal y como demostró con equipos de venta el psicólogo chileno Marcial

Losada. La variable que dispara los resultados es el grado de conectividad de los miembros del equipo, así que todo lo que hagamos para fomentarla repercutirá positivamente en nuestra cuenta de resultados.

Consejo:
Analiza, aísla y replica a los mejores vendedores en varios aspectos: 1. Su manera de prepararse las visitas; 2. La elección de sus visitas; 3. La exposición que hace delante del cliente potencial. Para ello es vital que los vendedores de las empresas sean acompañados por estos vendedores estrella para así aprender de los mejores.

Consejo:
Registra por escrito esta información y crea protocolos de excelencia comercial compartidos.

Aprende a amar esta profesión, si no lo haces y la ejerces porque no te sale otra cosa o porque piensas que es fácil, déjala y dedícate a otra cosa.

A esta profesión la amas o la odias. Las ventas para aquellos que las aman son un acto para el que no existen horarios, las ventas se realizan como el respirar. Los vendedores que aman esta profesión transmiten una pasión que engancha a los clientes potenciales, su energía empleada y el amor con el que tratan a sus productos o servicios traspasa la clásica relación comercial que se establece entre vendedor y cliente.

Los vendedores que aman esta profesión tienen una serie de características:

- La vida es venta: cualquier momento es un reto para ellos, aprovechan cualquier circunstancia para vender algo, bien sea tangible o intangible.

- No tienen horarios: trabajan en lo que les apasiona por lo que siempre están en clave de venta. No se ciñen a un horario en concreto ni a unas normas rígidas preestablecidas.
- Disfrutan vendiendo: se les nota, se les eriza el vello, son felices haciendo lo que más les gusta hacer.
- Les encanta relacionarse: están fuertemente orientados a las relaciones humanas más que a los procesos y las tareas. Estos vendedores están buscando siempre la oportunidad de juntarse con cada vez más personas y huyen en la medida de lo posible de trabajos rutinarios de oficina.
- Siempre están buscando nuevas oportunidades de ejercer aquello que les apasiona: vender.
- Son los que más venden.
- Son los «unicornios» de las ventas: si encuentras uno, retenlo. No verás muchos más en el bosque.
- Desprenden una gran cantidad de energía: cuando hablan generan un magnetismo de tal calibre que es casi irresistible no comprarles.
- Se sienten orgullosos de ser vendedores: cuando les preguntan a qué se dedican, lo dicen sin ambages: «Yo soy vendedor». Ellos no necesitan ponerse subtítulos en la tarjeta de visita ni «vestir» en exceso su profesión.

No todos los profesionales a los que tenemos que seleccionar tienen que ser unos apasionados de las ventas. Según la psicóloga Amy Wrzesniewski existen tres tipos de trabajadores:

1. Los trabajadores «Job»: son aquellos que trabajan para poder pagar las facturas.
2. Los trabajadores «carrera»: son los que buscan un desarrollo profesional y trabajarán duro y más horas de lo normal para conseguirlo.
3. Los trabajadores «pasión»: son de los que hemos estado hablando en este capítulo.

Consejo:
Si odias lo que haces el cliente lo notará. Así que ama tu profesión de vendedor y hazlo con el 100 % de tus recursos, sin reservas.

La venta consultiva es condición necesaria, pero en el siglo XXI no es suficiente.

El método de hacer preguntas en las que el cliente ya sabe la respuesta, el método que se ha enseñado y se sigue enseñando desde hace más de 40 años, es una condición útil y necesaria en el proceso de captación de información, pero no es suficiente. Hoy en día el cliente ya no quiere que le formules preguntas que le han hecho antes que tú decenas de vendedores. Quiere que le proporciones respuestas, que le descubras información nueva sobre su negocio, que le ayudes a hacerlo crecer y para ello necesitarás interactuar con más personas dentro de la empresa. En la nueva física de las compras ya no interviene un solo interlocutor como sucedía antes en la decisión final de compra, sino que hoy en día deberás interactuar con más interlocutores que antes. No basta con estar con un solo departamento, sino que deberemos estar con todos los que puedan estar implicados en la decisión de compra de nuestro cliente. Si consigues convencer a varios departamentos dentro de una empresa tendrás más posibilidades de cierre ya que estos influirán sobre la persona que decidirá la compra. Antes te la jugabas todo a una sola carta, si no le vendías a esa única persona no conseguías la cuenta. A mejores preguntas mejor información, a más información más poder y a más poder más cierres de ventas.

Consejo:
Antes de hacer la visita de ventas con el método que elijas, prepárala a fondo, obtén toda la información posible para

dársela después a tu cliente. Dicha información le debe sorprender y debe conseguir que se incomode en su «sillón». Tu función es hacerle reflexionar sobre su situación actual. No suenes a vendedor fotocopia, no le preguntes lo mismo que los demás. Si lo haces, el cliente desconectará nada más empezar la visita de ventas.

Según Neil Rackham en sus investigaciones, existen «avances» cuando avanzamos hacia el cierre, y «continuación» cuando las ventas se estancan sin compromiso alguno por parte del cliente potencial.

Cuando empiezas en el mundo de las ventas, los rechazos son constantes y, a menudo, también son frecuentes los malos modos. Se reproduce la situación en la que al júnior se le recibe bien, se le enseña la empresa y con buenos modos se le dice el clásico: «ya te llamaré». Posteriormente el director comercial le pregunta al vendedor cuál es el siguiente paso o cuál es el compromiso al que han llegado. Contesta que ninguno y a eso se le llama «continuación». Al vendedor novel le aterroriza pedir compromisos, pues no tiene todavía la suficiente confianza para ello. El cliente debe tener claro que el objetivo de nuestra visita es vender, que para eso nos pagan y eso se tiene que notar en nuestra visita de ventas, con tacto y con técnica por supuesto. La excesiva prisa y presión propia de un vendedor estresado ahuyentan al cliente potencial de manera irremediable. En el momento en el que el cliente detecta que el único objetivo es vender a corto plazo y no ayudarlo, en ese mismo momento lo habrás perdido para siempre. Podemos vender a corto plazo, podemos aprender técnicas de cierre agresivas, técnicas de manipulación que nos hagan cerrar operaciones, pero en el momento en el que pierdes el foco y te centras en ti, habrás arruinado una relación futura con tu cliente.

Si por el contrario se ha llegado a un compromiso sea cual fuera, a eso se le llama «avance». Nos dirigimos inexorablemente hacia el cierre si en cada visita conseguimos un avance. Así llegará el momento en el que el avance sea el cierre definitivo. Este es el objetivo de la visita, ir consiguiendo compromisos por el cliente, si no se los pedimos, no obtendremos nada.

Consejo:
Después de cada visita pregúntate si has logrado algún compromiso por parte del cliente —si no lo has hecho vas por mal camino—, y si has conseguido alguno, pregúntate cuánto tiempo llevas adquiriendo demasiados compromisos pequeños sin el cierre. Si es el caso, no estás avanzando; reduce la frecuencia e incluso olvídate de ese cliente durante un tiempo.

Todos vendemos, lo sepamos o no, nos guste o no, incluso cuando no hablamos.

Todos estamos vendiendo a todas horas, incluso cuando no hablamos. Estamos persuadiendo a alguien de un viaje deseado, o intentando que nuestros hijos nos hagan caso y quieran ir de fin de semana con nosotros. A todos nos toca tarde o temprano negociar con un jefe o con un socio, buscar trabajo, organizar eventos, conseguir patrocinadores e incluso inversores para una empresa que queremos montar. Todos, en cualquier profesión, necesitamos saber vender; sin embargo, muy pocos de estos perfiles antes descritos han hecho nunca un curso de ventas; parece ser que es una cuestión solo para los que nos dedicamos a las ventas.

Todo comunica, incluso lo que no hablamos. Según Albert Mehrabian, cuando la comunicación no es muy técnica el peso de la comunicación recae en estos factores que indico a continuación:

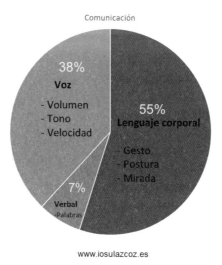

Comunicación

38%
Voz
- Volumen
- Tono
- Velocidad

55%
Lenguaje corporal
- Gesto
- Postura
- Mirada

7%
Verbal
-Palabras

www.iosulazcoz.es

Figura 7

Las condiciones en las que se realizó este experimento no fueron científicamente correctas, por lo que la cifras no pueden tomarse como ciencia. En lo que sí están de acuerdo varios científicos es en que el peso de la comunicación no verbal es superior al de la comunicación verbal.

Vemos el peso que tiene la comunicación no verbal, sin embargo, no le prestamos la suficiente importancia y sí se la damos a lo que decimos. Nuestro cuerpo comunica, nuestro tono, velocidad, determinan que nuestro mensaje cale o no. Es muy importante el QUÉ decimos, pero es mucho más importante CÓMO lo decimos, y todo comunica. ¿Sabías que nuestro cliente potencial decide en tres segundos si te va a comprar o no? Todo lo que hará después reforzará esa primera impresión que le causemos, ya que nuestro cerebro siempre busca la fluencia cognitiva, no le gusta llevarse la contraria a sí mismo. Por eso los primeros segundos en nuestra comunicación de ventas son los más importantes en nuestra visita y todo suma o todo resta.

Veamos qué elementos pueden intervenir en una conversación de ventas:

- Tus primeros diez pasos: no te bambolees, silbes, y muestres inseguridad. Camina firme y decidido a tu visita.
- Cómo das la mano: recuerda, los extremos son desaconsejables, ni le des la mano tipo «pescado» (flácida) ni le destroces los metatarsos. Tampoco hagas más de dos sacudidas secas del brazo y tampoco con demasiado vuelo. No te pegues diez segundos de reloj dando la mano.
- Nunca toques al cliente en una primera visita.
- En función de si es de una personalidad u otra, te sentarás de una determinada manera.
- En función de su sistema representativo (es la manera en la que nuestra mente concibe el mundo) haremos la visita de una manera o de otra. Viene de la PNL (Programación Neurolingüística) y se refiere a los tres sistemas que tenemos todos los seres humanos desde el principio de nuestra andadura en este planeta. Estos son el visual, el auditivo y el kinestésico.
- Cuida tu lenguaje corporal y, dentro de este, cuida también el proxémico, que es el lenguaje que emite nuestro cuerpo estando dentro de su zona de seguridad. No la invadas.
- Cuida el lugar en el que te sientas en el despacho del cliente potencial: influye en la activación del hemisferio emocional o el racional.
- Cuida cuando estés de pie con el cliente potencial y sigue unas cuantas reglas básicas.
- A la hora de hacer *rapport* gestual con el cliente, cuida de no repetir los mismos gestos. Si detecta que le estás haciendo el espejo date por muerto.
- No te toques la cara con frecuencia, la nariz, el pelo, etc.
- No cruces ni los brazos ni las piernas demasiado tiempo. Si tu cliente potencial tiene esa postura demasiado

tiempo significa que no has conseguido derribar su «barrera de contención» hacia comerciales de tu cliente potencial.

Consejo:
Cuida las formas, no solo lo que dices sino cómo lo dices. Debes ser congruente; de lo contrario generarás desconfianza. Fórmate en lenguaje no verbal y practica, practica y practica.

Las ventas son un arte.

Las ventas tienen muchas similitudes con el séptimo arte y dominar sus técnicas te convertirán en un vendedor que sabe contar historias que enganchen a sus clientes desde el primer minuto.

En una película aparece el villano al principio, este provoca una serie de problemas o nudo, y al final, en el desenlace, aparece el héroe. En ventas en primer lugar se descubre uno o varios «dolores» que tenía el cliente potencial. Esos problemas le dificultan desenvolverse con eficacia y solo al final es cuando el vendedor proporciona la crema calmante, la solución. Este es el héroe de toda película, es el proveedor de soluciones.

Pero hay más similitudes entre las ventas y las películas. En las ventas está el vendedor, el cual se convierte en un actor que debe interpretar su papel (argumentario) de tal forma que influencie positivamente en el cliente potencial. Este actor podrá tener o no un apuntador (ordenador, *tablet*, Power Point, etc.) y tendrá que diseñar el escenario, vestuario y actores secundarios que van a intervenir en la escena. Todo debe ser controlado al detalle, el material de apoyo y, por supuesto, nuestro discurso de ventas debe estar preparado y ensayado antes de que llegue la fecha de la visita. Puede haber escenarios móviles, personas que irrumpen en escena sin previo aviso, etc.

Cuando vendemos tenemos que ser capaces de contar historias como lo hacen los actores de una película. Debemos ser creativos sin faltar a la verdad, debemos construir relatos basados en hechos constatados. Somos actores que nos tenemos que poder emocionar a voluntad y hacer lo mismo con nuestro cliente potencial. Si somos capaces de interpretar nuestro papel con éxito, la venta será nuestra. Desgraciadamente y en demasiadas ocasiones aparece el héroe, o sea nosotros, al principio de la conversación de ventas y es como si en una película apareciera el desenlace y el héroe al principio. ¿Cuál es el resultado? Fin de la película. Nos empeñamos una y otra vez en cargarnos la película, nos puede el Yo y nuestra empresa.

Consejo:
Visualiza películas y apunta en una hoja elementos en común con las ventas, desde la estructura de la historia, hasta la manera en la que los actores transmiten su mensaje. Anota las similitudes. Conviértete HOY en un actor, fórmate con actores. Yo lo he hecho y aún me queda mucho por aprender.

Hoy en día no es suficiente con forjar relaciones, debes aportar valor continuamente.

En 2011, la *Corporative Executive Board* de Arlinton en Virginia (EE. UU.) realizó un estudio entre 12.000 vendedores para clasificar los diferentes tipos de perfiles. Este estudio se recoge en el libro *El vendedor desafiante*, de Brent Adamson y Matthew Dixon.
Salieron cinco diferentes:

1. *Vendedor desafiante*: Aquel que desafía el *statu quo* del cliente potencial, le descubre información nueva que desconoce y está enfocado a hacer crecer el negocio del cliente.

2. *Lobo solitario*: Al igual que el primero este también consigue los objetivos, pero este vendedor va por libre. No hace equipo.

3. *Trabajador esforzado*: Entra el primero a trabajar y sale el último. Mete muchas horas y se implica al máximo.

4. *Solucionador de problemas reactivo*: Orientado a solucionar y prevenir todos y cada uno de ellos. Invierte mucho tiempo en la operativa y poco en la prospección.

5. *Forjador de relaciones*: Orientado a la interacción con cada persona de la empresa, en la que conoce a todos por su nombre, hace todo lo que el cliente le pide, sin reservas. Caen bien a todo el mundo de la empresa del cliente, les cuesta decir que no y tienen dificultades para defender el precio. Empatizan en exceso con el cliente.

Cuando hicieron el estudio, preguntaron a los directores comerciales de estas empresas de más de cien trabajadores, por el perfil que iba a ser el de más ventas y, casi por unanimidad, dijeron que los forjadores de relaciones. Se equivocaron. De hecho, estos cinco perfiles están ordenados de mejor a peor vendedor, y los forjadores de relaciones quedaron los últimos.

Los directores comerciales se echaron las manos a la cabeza, ya que sus empresas habían invertido ingentes cantidades de dinero en *marketing* relacional y resultó que no era una condición suficiente para fidelizar a sus clientes. En el momento que se deja de aportar valor, por muchas invitaciones que hagas a comer, se empieza a ser prescindible.

Nunca debes olvidar cuál es el carácter de la relación, y esta es profesional. Por supuesto que se construyen relaciones a lo largo de tu ejercicio profesional y es muy gratificante y satisfactorio, aunque si tú no aportas valor continuamente seguro que la competencia lo hará por ti.

Consejo:

Pregúntate si sigues aportando valor y estate alerta y vigilante siempre sobre lo que está ofreciendo la competencia y, aún mejor, analiza tendencias de mercado con especialistas en inteligencia estratégica y competitiva que los hay y muy buenos y ofréceselo al cliente sin que este te lo pida.

2. PROCESOS

DIRECCIÓN COMERCIAL

Existe una necesidad básica en las empresas y es la capacitación práctica de los vendedores.

Hoy en día la presión comercial que existe es muy grande, existe mucha oferta y es muy parecida entre sí. Ante tales circunstancias, el vendedor debe ser tutorizado y acompañado. Una de las funciones más importantes del director comercial es la de acompañar a sus vendedores. Por las respuestas que obtengo en LinkedIn en los *posts* que publico todos los días a las 8 a.m. muchos vendedores echan en falta esta función del director comercial, más preocupado en tareas ejecutivas que en tareas de apoyo práctico en la calle a sus vendedores.

Si eres director comercial, pregúntate cuánto tiempo pasas con tus comerciales en la calle enseñándoles a vender el producto. Si pasas demasiado tiempo en el despacho, estarás alejándote de la realidad de la calle y lo que es peor, estarás perdiendo porcentaje de compromiso y esfuerzo de tu equipo.

El mejor tipo de liderazgo es el basado en los hechos y no tanto en las palabras; aquel en el que se predica con el ejemplo y no a través de órdenes; aquel en el que reina la coherencia entre lo que se dice y lo que se hace. Si no se dan estas condiciones previas, estaremos abonando el terreno del no compromiso y la desidia.

Consejo:
Invierte por lo menos un día al mes visitando con cada uno de los vendedores, apórtales mejoras y no solo des instrucciones, sino que debes enseñarles a llevarlas a cabo.

Si tuviera que dar cuatro consejos a un director comercial serían los siguientes.

1. Selecciona optimistas: está demostrado que es una apuesta segura.

2. Fórmalos muy bien: solo formándolos podrás mejorar sus resultados. Si no lo haces y pides más, no solo serás incongruente, sino que estarás sometiéndolos a una presión excesiva que puede acabar quemándolos.

3. Muestra empatía a la par que firmeza con los vendedores: ponte en sus zapatos y camina con ellos. Exige, pero muéstrate cercano, no des instrucciones desde tu despacho de la quinta planta por *email* y baja al piso en el que se encuentran los vendedores, habla con ellos, escúchales y hazles ver que su opinión importa. Pregúntales ¿cómo te encuentras?, de vez en cuando. Esto gusta.

4. Visita regularmente con ellos: prográmate visitas con todos ellos con frecuencia. Si tienes demasiados comerciales, nombra jefes de venta y que estos les acompañen. Después, tú deberás realizar visitas con la fuerza de venta de manera esporádica para comprobar que todo está funcionando correctamente.

Consejo:

Escucha a tus vendedores y hazlo de verdad. No te comuniques con ellos a base de llamadas y *emails* únicamente, recuerda que somos seres humanos y estamos diseñados para conectar y relacionarnos en el mundo físico no en el digital. Haz caso a los dos cerebros que entre los dos suman setecientos millones de años, los cerebros límbico y reptiliano. ¡Humaniza las ventas!

MENTORIZACIÓN

El día en que los vendedores de las empresas trabajen en equipo y todos sean mentores de todos, los resultados se multiplicarán.

Hay un gran déficit en los equipos de ventas hoy en día que se debe a un paradigma erróneo que afirma que el trabajo del vendedor es un trabajo solitario. Algunas empresas no tienen en cuenta que los equipos de ventas pasan de mediocres a equipos de alto rendimiento cuando trabajan juntos, cuando todos se nutren de todos, cuando se comparten las buenas prácticas y cuando sienten orgullo de pertenencia al grupo a la par que sienten un compromiso con sus compañeros muy alto. Este *engagement*[10] se traduce en resultados rápidamente.

Según los estudios del chileno Marcial Losada en equipos de ventas, los equipos de alto rendimiento están fuertemente interconectados y están fuertemente orientados hacia el otro.

Esta interconexión se traduce en un crecimiento exponencial, no lineal, de los resultados.

Las empresas no tienen diseñadas políticas comerciales dirigidas a conectar vendedores entre sí, e incluso vendedores con otros departamentos de la empresa. El trabajo del vendedor es muy solitario, aquellos que trabajan lejos de la central se sienten muy solos y las buenas prácticas de los mejores no le llegan con lo que ni el refuerzo positivo ni el aprendizaje se dan cita.

Consejo:
Para facilitar este objetivo, haz que tus vendedores hagan visitas juntos. Haz reuniones de ventas en las que se compartan las mejores prácticas. Fija objetivos de equipo en que todos vean la evolución semana a semana. Facilita que miembros del equipo conecten con frecuencia. Diseña eventos en los que se fomente el trabajo en equipo y la conectividad de los vendedores, realiza formaciones encaminadas a mejorar la comunicación y otras muchas estrategias como el *coaching* de equipos

---

[10] *Engagement* se refiere al nivel de compromiso del trabajador.

que hagan funcionar al equipo como un bloque cohesionado con un objetivo en común: ayudarse los unos a los otros para multiplicar los resultados y fomentar la resiliencia.

MÉTODO

En mi Método Sell it hay tres fases muy importantes y descuidadas por las empresas: la investigación comercial, el análisis posvisita y el seguimiento.

En mi Método Sell it, que dará lugar a mi siguiente libro y que expongo en esta reflexión, existen tres fases que contienen diez pasos secuenciales. La Fase Pre se da antes de que suceda la visita. En esta fase es crucial conocer toda la información posible sobre nuestro producto, sobre el sector, sobre nuestra competencia y sobre el cliente que vamos a visitar. En la Fase Pos a la visita de ventas hay otros dos pasos muy importantes; por un lado, está el análisis de la visita y por el otro, el seguimiento que hacemos de la misma. En el análisis reflejaremos todo lo que ha sucedido en la visita de ventas tal y como expongo en la figura 8:

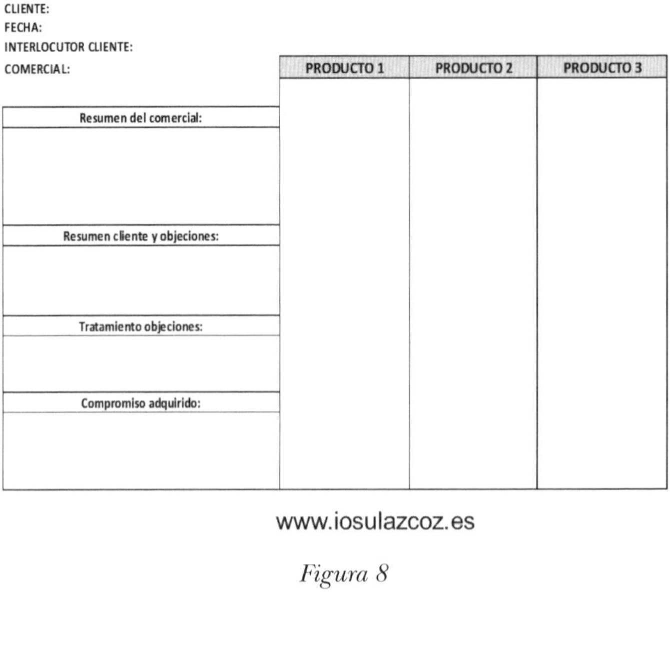

CLIENTE: FECHA: INTERLOCUTOR CLIENTE: COMERCIAL:	PRODUCTO 1	PRODUCTO 2	PRODUCTO 3
Resumen del comercial:			
Resumen cliente y objeciones:			
Tratamiento objeciones:			
Compromiso adquirido:			

www.iosulazcoz.es

Figura 8

En la fase de seguimiento existen incontables, cada vez más y muy buenos CRM[11] de registro de información. Muchos de ellos muestran portabilidad de datos, es decir, los puedes llevar contigo en el móvil o en la *tablet* para luego sincronizarlos con tu ordenador.

Algunos integran también la información que proviene de las redes sociales para así lograr mejor *rapport* y otros como el de ForceManager[12] dan un paso más e integran inteligencia artificial que, según el tono en el que registremos la información de la visita, el sistema clasifica los clientes potenciales atendiendo a la posibilidad cercana o lejana de cierre.

Consejo:

La información es el mayor poder con el que cuentas, investiga a fondo a tus clientes potenciales, registra todo lo que te pueda ser útil. Con todo ello podrás hacer visitas mucho más eficientes, recuperar tiempo e invertirlo en más citas con lo que los resultados no tardarán en llegar.

Tu discurso de ventas debe estar estructurado.

Si quieres influenciar en tu cliente potencial deberás seguir una secuencia o método que haga que tu visita sea más eficiente. Esta secuencia deberá contener varios elementos relacionados con el funcionamiento de la mente del comprador.

Puedes seguir mi Método Sell it u otros, incluso puedes elaborar el tuyo propio si estimas que aporta elementos que se van a adaptar mejor a tu sector y a tu producto. Lo que sí debes asegurarte es de que el método que apliques tenga una base empírica que lo avale, es decir, que haya sido probada su efi-

---

[11] CRM es el acrónimo de Customer Relationship Management. Es una herramienta digital de gestión de las relaciones con nuestros clientes.
[12] www.forcemanager.com.

cacia en miles de vendedores antes que tú. Elige bien: de esa elección dependerán tus resultados.

A lo largo de los últimos treinta años he investigado cuáles eran los métodos de ventas que mejor funcionaban y cuya eficacia había sido probada en miles de vendedores en todo el mundo. Algunos provenían de los Estados Unidos, otros del Reino Unido, e incluso uno provenía de China[13].

He eliminado elementos que se adaptan poco a nuestro tiempo y cultura y he añadido otros que no estaban en ninguno de los anteriores. Así he configurado una secuencia de poderosas etapas que debía probar en la calle antes de enseñarlo. Fue el período comprendido entre el año 2016 y la actualidad. Los resultados que estoy obteniendo y lo que más me llena, los que están consiguiendo mis alumnos, me lleva a confirmar que el Método Sell it funciona y lo hace en ventas tanto a corto como a largo plazo.

Para muestra te enseño en la figura 9 mi Método Sell it de diez pasos que explicaré en mi siguiente libro:

Figura 9

---

[13] Sun Tzu, *El arte de la guerra.*

Entre los elementos que contienen mi Método Sell it destacaré:

- Psicología Cognitiva y Conductual.
- Metodología DISC.
- *Storytelling* de ventas.
- PNL.
- Psicología Positiva.
- Preguntas que venden.
- Técnicas de Cierre.
- CRM con Social Media integrado.

Dicho discurso estará orientado a generar interés y a construir valor a lo largo de tu visita de ventas. El cliente potencial se encuentra muy cómodo en su zona de confort creyendo que lo sabe todo sobre su empresa, pero esto en muchas ocasiones no es así. Si realizas una muy buena investigación comercial (paso 1) y obtienes información detallada y precisa sobre él estarás preparado para realizar una visita comercial de primera siguiendo un método, una secuencia que conduzca al cierre de manera firme y segura. Esta información no la obtendrás en su web, ya que en ella las empresas nos cuentan todas sus bondades, por lo que si quieres información útil que te ayude a generar inquietud sobre problemas no detectados por tu cliente tendrás que ir a buscar sus miserias, y estas se encuentran yendo a su casa no acudiendo a su página web.

Consejo:
Estructura tu discurso de tal manera que el cierre sea una consecuencia del trabajo bien hecho. Emplea tu propio método siempre que tenga sentido y, sobre todo, resultados. Empieza a crearlo hoy, o más fácil, sigue uno o varios combinados que funcionen.

3. CÓMO VENDER MÁS

FASE PREVIA (a la visita de ventas)

ACTITUD

En ventas, la mayor competencia es uno mismo.

El principal factor limitante en ventas no lo es ni la crisis, ni el mercado, ni la competencia, ni mis jefes ni los políticos. La principal competencia está en uno mismo. El mayor peligro que puede tener un vendedor es «comprar» toda la batería de creencias limitantes que circulan en la calle. Entre ellas destacaré estas dos:

1. *La puerta fría está condenada a desaparecer*: tenemos mucha manía de poner adjetivos a las puertas. En Alaska, seguro que las puertas sí que están muy frías.
2. *El factor más importante para vender es el precio*: es algo que solo existe en la mente del cliente potencial. Es una composición que se hace de lo que debe pagar en función de los productos similares que ha encontrado en el mercado. Tu labor será identificar en qué te diferencias tú de esos otros productos con los que te está comparando y empezar a defender y argumentar tus beneficios diferenciales.

A lo largo de los últimos veinte años que llevo formando equipos de ventas me he encontrado muchas más y todas ellas son excusas que nos ponemos porque en realidad tenemos miedo de hacer visitas a puerta fría, tenemos miedo de que nos rechacen y para evitarlo construimos un castillo de excusas bien consolidado para evitar enfrentarnos con la cruda verdad.

Es cierto que cuesta más esfuerzo entrar en cliente nuevo que en cliente actual, que se deben emplear más recursos y energía en conseguirlo, pero también lo es el que los vendedores estrella no tienen excusas que les alejen de sus objetivos, ellos se enfrentan a las adversidades desde el locus de control interno, desde una actitud proactiva. Ellos, cuando reciben los embates de la calle se preguntan, ¿qué puedo hacer yo para solucionarlo? Y desde esa actitud construyen la respuesta. Los mejores vendedores asumen la responsabilidad de sus resultados, los mediocres echan balones fuera y culpan a terceros.

Las personas con *locus de control externo*[14] siguen ancladas en la infancia en la que estaban protegidos y eran muy dependientes, son inmaduros y quedan a merced de las circunstancias. En el sofá de las excusas se está muy cómodo. Las personas con *locus de control interno* asumen su responsabilidad y manejan la situación, no al revés. Son más felices en el trabajo, tienen mayor motivación y compromiso y consiguen los mejores resultados.

El principal responsable de tus resultados eres tú, ni lo es tu jefe, ni tu marca, ni el mercado, asúmelo.

Hay una película clásica de ventas de los años 90 con un reparto de lujo llamada *Éxito a cualquier precio,* en el que todos los vendedores «lloran» como Jack Lemmon y Ed Harris, pero hay uno que sigue haciendo llamadas: es Al Pacino. En lugar de adoptar una actitud reactiva, en lugar de darle el poder a las fichas que le entregaba Kevin Spacey, Al Pacino hace llamadas, porque lo que él puede controlar es cómo actúa él mismo,

---

[14] Locus de control interno se refiere a que el profesional «maneja» la situación, y externo se refiere a cuando la situación le «maneja» a él.

y no el supuesto poder que le otorgan las circunstancias o las fichas de clientes.

Es una película muy en boga todavía en los equipos comerciales. Te dejo aquí la escena estrella: https://youtu.be/EyS6W6zKv2w

Consejo:

En lugar de conceder valor a factores externos a tu control como tu jefe o tu director comercial, concédete valor a ti mismo. No dependas de lo que venga desde fuera y apuesta por ti mismo, por lo que tú puedes hacer para salir hacia adelante.

Solo depende de ti decir SÍ[15]. Seguro que no te dejará indiferente el vídeo.

Consejo:

Cuando sientas la tentación de culpabilizar a otros o al mercado, hazte dos preguntas: ¿por qué digo esto? y ¿qué puedo hacer yo para cambiar esta situación?

En ventas no vivas de las rentas.

Hay un peligro que corremos todos los vendedores y es vivir de las rentas e instalarnos en un círculo pernicioso de autocomplacencia. Lo que hemos vendido hoy nos ayuda para construir nuestra autoestima como vendedores y esto nos ayudará en el futuro sin duda; sin embargo, necesitas seguir vendiendo. Al hacerlo te sentirás vendedor, te sentirás vivo y no aletargado con resultados del pasado que te dibujan una realidad fantasma.

Debes estar constantemente construyendo cartera. Lo contrario es morir lentamente. Vivir de ellas se asienta en una premisa falsa, y esta es creer que los clientes son para siempre: si lo piensas así, eres un iluso.

---

[15] Tony Melendez https://youtu.be/mSf2S3ov09I.

Si no alimentas constantemente tu «embudo de ventas»[16], tu negocio se perderá.

Un profesional debe estar generando negocio y clientes nuevos de manera continua. Hay profesionales que cuando los entrevisto se yerguen como un pavo real en celo y me cuentan lo mucho que han vendido. Contraataco y siguen contándome sus ventas pasadas, se anclan a ellas. El mayor peligro que podemos correr los vendedores es el de la autocomplacencia, pensar que ya lo hemos demostrado todo. Con ese tipo de pensamiento el mercado de hoy en día es contundente, te expulsa de inmediato. Si no usas el músculo de las ventas te oxidarás, cuando lo vuelvas a poner en práctica te sentirás torpe, necesitarás retomar tu actividad de vendedor en la calle. Si no te sientes vendedor no transmites con la misma fuerza tu mensaje.

Lo mismo sucede con los directores comerciales o jefes de venta que han centrado en exceso su trabajo en tareas de oficina, cuando quieren capacitar a sus nuevos vendedores en la calle se encuentran muy torpes y les son de poca ayuda. Si abandonas la calle, reingresar en ella te costará más tiempo y esfuerzo.

Consejo:
Ten claro siempre cuáles son tus objetivos de ventas hoy, peléalos, y cuando los consigas, celébralo como debes. Al día siguiente empiezas otra vez de cero. La profesión de vendedor de primera es muy exigente.

Consejo:
Coge tu objetivo anual de ventas y repártelo en once meses, a continuación, en las semanas laborales del año, suelen ser cincuenta y dos y, por último, en tu objetivo diario. Olvídate de lo que vendiste ayer, aunque hayas vendido el objetivo de tres días, no te relajes, persigue tu objetivo diario siempre. Ese deberá ser tu mantra.

---

[16] Se refiere a la atracción de clientes, trabajo de los contactos y su última conversión a clientes.

Un cliente perdido pasa a la lista de clientes potenciales.

Durante los últimos años he observado una conducta común a lo largo de toda la geografía nacional, y es la de dejar de visitar a los clientes que dejan de serlo. Estos vendedores, y espero que tú no seas uno de ellos, sienten un rechazo a su persona en lugar de a su producto, y su enfado les nubla y les lleva a entonar el clásico «que le den». Piensan que esta situación es para siempre y que nada pueden hacer por cambiarla.

Estos vendedores pasan por alto una serie de circunstancias que podrían hacer volver a ese cliente, como son:

- Cambio de comprador en esa empresa.
- Cambios en la empresa.
- Malas experiencias con el actual proveedor.
- Mejor estado emocional del comprador.
- Rotación de puestos.
- Mejor preparación de nuestra empresa.
- Mejor preparación y visita del vendedor.

Por lo que es de vital importancia hacer un seguimiento no solo a esos clientes perdidos sino a todos los clientes que visitamos y que nos dicen que no. Debemos quitar hierro a esa palabra y pensar que las circunstancias cambian, y en muchas ocasiones cambian para mejor. Para meter un gol tenemos que estar frente a la portería, desde nuestro campo es mucho más difícil.

Consejo:
Nunca abandones a los clientes y a los no clientes. Sigue un sistema de gestión de clientes bien digital o manual, con un CRM o sin él. Dentro de los CRM recomiendo el de Salesforce, el de ForceManager y el de Trebede[17].

---

[17] Trebede: www.trebede.com.

Consejo:

Cuando pierdas a un cliente, agéndatelo para hacerle una visita cada tres meses, una en la que no vayas a venderle nada, sino que le visitas para interesarte realmente por el cliente. Seguro que así tendrás la oportunidad de recuperarlo poco a poco. Pero, sobre todo al principio, NO intentes vender nada.

Si quieres vender más, ¿por qué haces lo mismo?

Pregúntate hoy si lo que estás haciendo te está acercando a tus objetivos. Si no es así, necesitas cambiar de plan. Cambiar hábitos cuesta. Existe una regla, cuestionada por algunos, que reza que para adquirir un hábito nuevo necesitas practicarlo durante veintiún días seguidos y para convertirte en un experto necesitas diez mil horas de práctica.

Hay un factor constante en esta situación: nuestra actitud. Aunque el mercado actual es más cambiante que nunca, nosotros seguimos haciendo siempre lo mismo. Visitamos al mismo tipo de cliente, el nicho de siempre, nuestro discurso de ventas siempre es el mismo y no nos formamos desde hace años, incluso hay empresas que quieren adaptarse a este exigente mercado haciendo exactamente lo mismo que se hacía no ya en este siglo sino en el siglo XX. En este sentido la incompetencia inconsciente de ambos puede resultar fatal.

Consejo:

Innova, fórmate y hazlo también en técnicas y temáticas que no son solo de ventas, sino de PNL (Programación Neurolingüística), *Coaching*, técnicas de *storytelling*, técnicas de actuación, Neurociencia aplicada a las ventas, psicología e incluso libros sobre temáticas que tengan que ver con el ser humano.

El compromiso del vendedor es el que marca la diferencia.

Cuando hago trabajos de formación y acompañamiento a vendedores, lo primero que le digo es que no me dé información sobre las cifras de venta. Luego salgo a la calle con ellos y observo la fuerza con la que persiguen sus objetivos, la confianza y fe con la que hablan de su producto, así como el orgullo que sienten hacia su empresa. Estos factores son directamente proporcionales a su cifra de ventas. Aquellos que están comprometidos con la excelencia, con su mejora continua y que no se conforman con sus niveles actuales siempre son los que más venden.

Estos vendedores comprometidos lo son porque tienen una motivación intrínseca más allá de la comisión: necesitan retarse, tener nuevos desafíos que les pongan a prueba, necesitan desarrollarse. En el momento en el que estos vendedores pierden la motivación intrínseca sus resultados se ven afectados, con lo que la desmotivación se acentúa y el resultado es la huida de ese profesional.

Según la teoría de liderazgo de Ken Blanchard y Hersey existen cuatro tipos de empleados, con conocimientos o no; lo que marca la diferencia es si quieren hacer o no. Si no quieren tenemos un problema porque, aunque tengan todo el conocimiento del mundo, si no quieren no hay nada que hacer. El M4 que sabe y quiere, este está totalmente comprometido con su empresa y con su desarrollo; tanto él como su empresa se encuentran en perfecta armonía y con un compromiso con la excelencia que se renueva día a día, mes a mes, y año a año. Compromiso que se mantiene vivo, trasciende del papel en el que está escrito. Cobra vida todos los días, se vigila, se cuida y se mima, se exige.

Consejo:
Para ser un vendedor de primera solo podrás conseguirlo con un alto nivel de compromiso. Pregúntate si es más bajo del

que debería y por qué. Una vez lo sepas, respóndeme: ¿qué vas a hacer con esta situación?

Según Carol Dweck, hay dos tipos de mentalidades, la fija y la de crecimiento.

En su libro *Mindset, la actitud del éxito* Carol Dweck nos habla de dos tipos de mentalidades, la mentalidad fija y la mentalidad de crecimiento. En la primera el cerebro interpreta la realidad como algo inamovible por lo que no se esfuerza en cambiarla, mientras que las personas con mentalidad de crecimiento piensan que la realidad cambia y que nosotros somos principales artífices de ese cambio.

Recuerdo una Convención Anual de vendedores en Portugal en el 2005 en la que fui ponente. Estaban los mejores vendedores de Portugal y España de una multinacional inglesa y fueron interviniendo uno a uno hasta que le tocó el turno al mejor vendedor portugués. Le preguntaron: ¿qué opinas de la crisis? (en Portugal empezó tres años antes que en España) a lo que este vendedor respondió: «¿Qué crisis?, si yo pensara que existe y que no puedo hacer nada para cambiarla, me quedaría en casa o me dedicaría a otra profesión diferente a las ventas». Este vendedor mostraba una clara mentalidad de crecimiento, en la que las situaciones adversas no son permanentes en el tiempo y en las que el vendedor es un sujeto activo de ese cambio.

Ya en los años 60, Martin Seligman —a la postre fundador de la psicología positiva— demostró en un experimento con perros que aquellos que interpretaban que nada de lo que hicieran cambiaba la situación, estos dejaban de intentarlo, dejaban de luchar y se abandonaban a su suerte.

A los vendedores nos pasa lo mismo, podemos pensar que la crisis va a ser para siempre, que nada de lo que hagamos va a cambiar esta situación, que nunca vamos a poder vender a este cliente, o por el contrario podemos visualizar que la crisis es pasajera y que dentro de mi cliente la situación cambiará con los años. Y lo que tengo que hacer yo es estar preparado para cuando esto suceda haciendo un seguimiento frecuente. Esa es la mentalidad de crecimiento, aquella que me permite crecer y multiplicar mis resultados siendo yo siempre el protagonista del cambio y no un sujeto pasivo a merced de las circunstancias.

Consejo:

Enumera una situación de ventas, clasifícala en si es pasajera o permanente. Si se puede cambiar describe cómo, y si es que no, describe por qué no. Si después de dar mis porqués, la situación la sigues viendo permanente, déjala reposar. Analiza la misma situación dentro de tres meses.

En ventas y en cualquier profesión hay un factor clave: la autoconfianza.

Esta se desarrolla intentándolo, aprendiendo de los errores, levantándose y volviéndolo a intentar. Así desarrollas tu autoeficacia, que es la creencia en ti y en tus posibilidades de éxito. La forma más rápida y potente de adquirir autoconfianza es a través de tus logros. Estos configurarán tu armadura de gladiador. Cuando la construyas verás como las lanzas solo te la rayarán un poco, pero en ningún caso la atravesarán.

Cuando sufras rechazos no te afectarán tanto como al principio y no afectarán a tu autoconcepto. Tú ya sabes quién eres y qué eres capaz de hacer, por lo que volverás a ponerte en marcha de manera inmediata. Por último, para conseguir estos logros deberás ser cada vez mejor profesional, y adaptarte a la perfección a las exigencias del mercado del siglo XXI, un mercado de alta presión, alta oferta, escasa diferenciación, infiel, homogéneo, global, informado, digital y mutante. Se conforma así un circuito de retroalimentación positiva tal y como muestro en la figura 10:

Figura 10

Consejo:

Cuando te digan un NO, no lo tomes como algo personal. Es un NO a tu producto o a tu servicio, no un NO a tu persona. Cuando lo interiorices, el mercado se abrirá a tus pies y tus ventas se dispararán, ya que irás a por muchos más clientes que antes.

Las ventas, además de aprenderlas, se viven.

Si no lo haces, y lo tomas solo como una profesión, serás uno más, no te diferenciarás del resto de los vendedores fotocopia. La brecha entre los que viven esta profesión y la de aquellos que la ven como un medio para ganarse la vida es muy grande. Es perfectamente lícito trabajar en ventas para ganarse la vida, aunque si no amas esta profesión, sino la integras en tu manera de ver la vida, no destacarás nunca. De ti depende dar el paso.

El amor por esta profesión se traduce en:

- Mayores ventas.
- Mayores oportunidades laborales.
- Nuevos proyectos.
- Actualización constante.
- Cada momento es una oportunidad para vender.
- Mayor pasión desplegada.
- Mayor confianza generada.

Consejo:

Hazte estas preguntas: ¿estoy dispuesto a comprometerme en cuerpo y alma para ser un vendedor excelente? ¿cuánto estás dispuesto a invertir en ello? ¿disfrutas vendiendo? Si no disfrutas, pregúntate porqué.

PREPARACIÓN MENTAL Y EMOCIONAL

En ventas hay una fase muy importante: la preparación mental y emocional del vendedor.

Existe un mal endémico muy extendido en las empresas, y es el pensar que los vendedores no precisan de preparación mental ni emocional antes de salir a la calle. Lo más importante de la visita sucede antes de que esta tenga lugar, y nos debemos concienciar de ello. Se piensa que como ya somos adultos tenemos que venir llorados de casa. A los vendedores noveles se les forma en producto y se les manda muy pronto a la calle, sin tener en cuenta su preparación mental en su reciente incorporación a la empresa. Esto también se replica con vendedores séniors, parece que enseñar las mal denominadas habilidades blandas es una pérdida de tiempo, cuando resulta que la variable psicológica y emocional del vendedor representa el punto de inflexión en sus resultados.

Hoy en día se trabaja poco la preparación mental y emocional del vendedor.

Ya antes hemos hablado de la preparación mental del vendedor que abordo en el paso primero de mi Método Sell it y ahora hablaremos un poco de la preparación emocional.

No es lo mismo vender con un estado de ánimo alicaído que con uno pletórico, ni tampoco lo es salir a la calle después de haber discutido con nuestra pareja o con nuestro mejor amigo. Lo mismo le sucede a nuestro cliente, no nos recibe igual si se encuentra en un estado emocional negativo o positivo.

La inteligencia emocional nos prepara a través de técnicas de *coaching* a saber identificar estos estados y a saber trabajarlos de forma que cuando hagamos nuestra presentación de ventas nuestro cliente esté receptivo a nuestra propuesta. No tiene sentido empezar la visita de ventas si detectamos enfado, prisa, angustia, cansancio, etc. En estas ocasiones lo mejor es pedir un aplazamiento de nuestra visita, no gastes balas que te podrán venir bien el día de mañana.

En mi Método Sell it trabajo dos aspectos: el diagnóstico y el trabajo del optimismo y de las fortalezas[18] del carácter de los vendedores. Es curioso que TODAS las empresas se funden en base al optimismo, pero NINGUNA selecciona comerciales en base a test de optimismo.

Las ventas son un trabajo de enorme presión y desgaste y pensar que el vendedor no siente ni padece es un error muy grave que te puede llevar al más estrepitoso de los fracasos.

Consejo:

No les mandes a la calle sin más preparación que la técnica a tus vendedores, introduce en el calendario sesiones para capacitarlos psicológicamente.

Consejo:

Observa a tu cliente antes de hablar. Observa su lenguaje no verbal y también la postura con la que está sentado, si mira el móvil con frecuencia o el reloj en señal clara de impaciencia o si sus pies apuntan o no a la puerta de salida. Déjate guiar por tu cerebro emocional, él se dará cuenta cuándo tu cliente está preparado para escuchar su discurso. Si sientes que tu cliente está ausente de la visita, pídele un aplazamiento y sugiere tú la fecha.

---

[18] Son el eje central de la psicología positiva que es la ciencia que estudia el funcionamiento humano óptimo.

OPTIMISMO

Los mejores vendedores son muy optimistas.

La primera vez que se midió el impacto del optimismo en equipos de ventas se hizo en el año 1988 en la empresa de seguros Metropolitan Life de Manhattan en Nueva York. Esta empresa perdía setenta y cinco millones de dólares al año y tenía un 80 % de rotación. Ante tal cantidad de dinero perdida el CEO de Metlife, John J. Creedon, llamó a Martin Seligman para que le ayudase a frenar esta sangría económica.

Iniciaron un nuevo proceso de selección de vendedores. Recibieron 15.000 solicitudes. Desestimaron a la mayor parte ateniéndose a criterios técnicos y a puntuaciones en el test de optimismo de Seligman. Fueron desestimados los muy pesimistas. Se quedaron con 1.200 candidatos y les sometieron a dos test:

1. Test de aptitudes.
2. Test ASQ de optimismo.

1.000 candidatos aprobaron el test de aptitud, de los cuales 500 salieron moderadamente optimistas y otros 500 moderadamente pesimistas. 200 suspendieron el test de aptitud y salieron muy optimistas. Después de dos años, sus resultados fueron los siguientes:

Los candidatos muy optimistas vendieron un 54 % más que los moderadamente pesimistas y un 26 % que los moderadamente optimistas. El tercer año las distancias aumentaron.

Al cabo de unos años Metropolitan Life aumentó su fuerza de ventas en más de 12 000 agentes, una cifra muy importante. Los formó también en optimismo y los resultados no se hicieron esperar: esta empresa se hizo con el 50 % de cuota de mercado. No solo tiene más vendedores, sino que tiene a los mejor preparados para esta carrera de fondo que son las ventas.

Desde este descubrimiento MetLife no selecciona a nadie que no supere el test de optimismo, así como otras muchas empresas de la Lista Forbes. Incluso la NASA selecciona optimistas.

El optimismo es una de las virtudes más importantes en mi Modelo «Optitud», ampliamente desarrollada en mi segundo libro *Optitud ante la adversidad*.

Consejo:
Si vas a seleccionar profesionales para una profesión con tanta presión como lo es la de vendedor, selecciona los perfiles que mejor la resisten, los optimistas. Hazles el test de optimismo, hay varios, el de la Universidad de Pensilvania es gratuito: www.authentichappiness.org. Desestima aquellos perfiles que salgan muy pesimistas. Si la puntuación en pesimismo es muy alta es muy complicado, aunque la trabajáramos, que ese vendedor diera puntuaciones optimistas aptas para el puesto en sucesivos test. Sin compromiso por parte de estos vendedores es imposible reconvertirlos, ya que sin esfuerzo sostenido en el tiempo estos vuelven a sus hábitos pasados.

Los vendedores optimistas se atribuyen sus éxitos y los pesimistas sus fracasos.

El pensamiento optimista es diametralmente opuesto al pesimista. El pesimista es necesario en algunas profesiones, las cuales se tienen que poner en el peor escenario posible, pero las ventas requieren de optimistas. Estos perfiles tienen personalizados los sucesos positivos que les acontecen, es decir, se sienten responsables de que las cosas hayan sucedido favorablemente y no lo atribuyen a la suerte ni a factores que le dejen fuera de la ecuación. Sus éxitos se deben a su talento y a su trabajo, y como depende de él, se siente con dominio sobre las circunstancias. Se siente capaz de volver a repetir esas situaciones favorables cuando él lo estime oportuno. Cuando se equivoca aprende y crece. Cada uno de sus éxitos contribuye a generar su autoestima como profesional de las ventas, la cual le animará a intentarlo más veces y con ellas llegarán a su vez más cierres que a su vez retroalimentarán sin fin este círculo virtuoso de emociones positivas y resultados favorables. El vendedor optimista piensa que estos éxitos se van a alargar en el tiempo y que se van a extender a todos los sectores empresariales de la zona. Si ha vendido muy bien en el sector juguetero también piensa que el sector del calzado, de la moda o de la artesanía por poner unos ejemplos, van a acoger igual de bien su producto.

En el otro lado de la ecuación se encuentran los pesimistas. Estos atribuyen a factores externos sus éxitos, bien al humor del comprador o bien a la casualidad. Los fracasos sí que se los atribuyen, se deben a él, y se dice frases del tipo: «no valgo para nada», «soy un inútil», etc. También piensan que las situaciones de no cierre se van a extender en el tiempo, que el panorama de las bajas ventas va a durar para siempre. Y además no solo en un sector, sino en todos los sectores empresariales de su zona geográfica.

Consejo:
Discute tus propios pensamientos y calibra en qué te basas racionalmente para afirmar que no vales para esto o que eres un inútil. La técnica de discusión de pensamiento ABC[19] de Albert Ellis es la más eficaz en aumentar los niveles de optimismo. Es la que mejores resultados obtiene en pacientes con depresión. El optimismo, al ser un pensamiento, se discute desde el cerebro racional..

---

[19] Es el acrónimo de Adversity (Adversidad), Belief (Creencia) y Consecuence (Consecuencia). Se trata de discutir nuestros pensamientos analizándolos como si fuéramos un investigador de nuestra propia mente.

Los vendedores optimistas no se hunden bajo presión, no se rinden y saben elegir aquellas batallas en las que participar.

Si hay una profesión con mucho desgaste y mucha presión, esa es la profesión de vendedor. Todos y cada uno de los días la «Espada de Damocles» (que son los resultados) pende sobre nuestras cabezas. De nada sirve o de muy poco, si hace dos años vendimos mucho. Si hoy no estamos vendiendo, las empresas no tendrán paciencia con nosotros, estaremos pronto en la calle buscando trabajo. La profesión en la que mejor se mide el desempeño, son las ventas, por lo que no nos podemos esconder en ningún lado si las cosas vienen torcidas, nuestros resultados hablarán por nosotros, así de real, sea justo o no.

Ahora bien, si hay un perfil preparado para resistir la presión, para salir fortalecido de las batallas que pierde, que aprende de sus errores y que planifica para conseguir sus objetivos, estos son los optimistas. Para ellos una «no venta» es una oportunidad futura, ya que a los optimistas les apasionan los retos que les pongan a prueba. El optimista inteligente sabe escoger aquellas batallas con altas probabilidades de vencer, su inteligencia le proporciona una alta eficiencia. Emplea el tiempo de manera más inteligente con lo que tiene más disponible para invertir en generar nuevas oportunidades de negocio.

El optimista lo intenta continuamente, eso le trae cierres que le hacen creer en sí mismo, con lo que lo intenta más y cierra más, esto le construye una armadura de gladiador preparado para emprender nuevas batallas. El creer en sus propias capacidades fruto de sus éxitos los psicólogos le llaman «autoeficacia»; yo le llamo «armadura». Los reveses son tomados como algo temporal propio de nuestra profesión, estos lanzazos (reveses) no pensamos que son debidos a nosotros sino a las circunstancias y representan un pequeño arañazo en nuestra armadura, uno por cada batalla librada.

Lo que diferencia a un optimista de un pesimista en la profesión de las ventas es la forma, es el lenguaje interno con el que se explica sus resultados. En un optimista ese lenguaje minimiza los fracasos y maximiza los éxitos. Los fracasos no le paralizan, sino que le espolean para luchar más y mejor, mientras que para un pesimista cada fracaso no es temporal, es permanente y lo hunde cada vez más en un círculo vicioso de autodestrucción: no vendo nada ya que soy un inútil, así que como me siento incapaz lo intento cada vez menos y esto hace que obtenga cada vez menos resultados, lo que me reafirma en mi creencia de que soy un inútil. Romper esta dinámica auto-destructiva es vital para la supervivencia del vendedor.

Consejo:
Celebra tus éxitos. Escribe en una hoja por qué crees que se han producido, con todo tipo de detalles. Estas «fichas» las pondrás dentro de una urna transparente que llamaremos «lista de mis éxitos», a la que recurriré cada cierto tiempo para reforzar mi autoestima como vendedor profesional. Esta urna no la tendremos a la vista constantemente ya que tampoco se trata de regodearnos y anclarnos en nuestro pasado, sino de recurrir a nuestros éxitos de manera puntual cuando nuestros bajos resultados así lo aconsejen.

El optimismo se hereda, se practica y se aprende.

Aunque tenemos que ser muy cautelosos cuando hablamos de porcentajes en genética, según Luis Rojas Marcos el optimismo se hereda en un 25 %. El problema radica en si lo practicas o no. De nada sirve haber heredado mucho optimismo si estoy rodeado de vendedores pesimistas, si leo en exceso las noticias negativas que nos asedian y si me muevo en entornos que fomenten este tipo de pensamiento. La buena noticia es que podemos aprender optimismo, aun habiendo heredado un porcentaje de pesimismo bastante grande. Existen muchas técnicas para aprender optimismo, pero todo nacerá de una decisión que proviene de tu voluntad, si tú no quieres, yo no soy quién para decirte que debes serlo, pero sí debo decirte que si persistes en un pensamiento pesimista corres el serio peligro de estar fuera de tu empresa más pronto que tarde.

Para identificar pensamientos pesimistas en ventas, te señalaré los siguientes a modo de ejemplo:

- No valgo para las ventas (personalización negativa).
- Siempre (permanencia negativa) lo hago fatal.
- Hoy he vendido porque mi cliente ha cerrado una gran operación y estaba de buen humor (personalización negativa).
- Mi producto no se vende en industrias del metal (amplitud negativa).

Estos ejemplos y otros muchos los desarrollo ampliamente en mis talleres. En ellos los vendedores se sorprenden con pensamientos pesimistas que no sabían que tenían. A ninguno le gusta puntuar bajo en optimismo incluso se enfadan al recibir los resultados pues no se reconocen en ellos. Este es el primer paso para mejorar: es el reconocimiento de tu situación actual.

Consejo:
Vigila tus pensamientos. Cuando te venga a la cabeza uno de ellos, escríbelo. En mi libro *Optitud ante la adversidad* lo explico con más extensión. También adjunto bibliografía en esta obra para que sepas un poco más sobre el optimismo y sus tres dimensiones: personalización, permanencia, y amplitud.

El optimismo es una decisión personal.

Lo hayas heredado o no, solo depende de ti beneficiarte de lo que el optimismo traerá a tu profesión de vendedor. Una simple decisión puede hacer que sigas persiguiendo una cuenta que luego se consiga, que sigas intentándolo cada vez mejor, que pienses que los grandes clientes están al alcance de ti, que las posibilidades son tan grandes que ni en tres vidas podrías abarcarlas a todas. Si quieres experimentarlo por ti mismo, di sí al optimismo y empieza hoy, solo depende de ti.

Consejo:

Abraza el optimismo y no lo dejes para mañana, empieza hoy mismo leyendo alguna obra sobre el optimismo. Conoce las investigaciones que avalan su eficacia. Dosifica tu exposición al pensamiento pesimista bien sea por la televisión, la prensa o incluso nuestro círculo social.

El optimismo despegado de la realidad a la hora de fijar los objetivos es muy dañino, se trata de potenciar el optimismo inteligente.

El optimismo también tiene su cara oculta y es cuando se practica en exceso, es decir, cuando se aleja de la realidad y se instala en las nubes. Esto sucede con mucha frecuencia cuando las empresas fijan sus objetivos anuales de venta.

Este optimismo alejado de la realidad es muy pernicioso, tanto para el vendedor de a pie como para los directores que fijan los objetivos. En el vendedor de a pie, ser exageradamente optimista sin base ni inteligencia, puede confundir el ser persistente con perseguir molinos como hacía Don Quijote. Sin estrategia ni inteligencia no llegamos nunca a buen puerto. Perseguir molinos no es ser optimista es ser tonto, y el optimista no lo es en absoluto. El optimista inteligente es muy eficiente y elige muy bien dónde invierte su tiempo y en qué batallas participa.

Existe una tendencia muy generalizada en las empresas: la de fijar los objetivos de manera unilateral, es la DUO (Declaración Unilateral de Objetivos) en la que de manera más o menos optimista, con mayor o menor segmentación, la empresa fija los objetivos sin contar con el equipo de ventas. Los directores comerciales y los CEO fijan sus objetivos sin tener en cuenta que cada vez hay más competencia, que el cliente es cada vez menos fiel y que el mercado no se expande, sino que se contrae.

Cuando las empresas hacen esto, se consiguen varios efectos secundarios perniciosos. Uno de ellos es que corren el riesgo de ser excesivamente optimistas al dirigirse a un mercado demasiado amplio, de desinvertir en fidelización de cartera al descuidar a los clientes actuales y de no conseguir que los vendedores asuman y hagan suyos dichos objetivos al no haber participado en su elaboración.

Consejo:

Existe una manera muy potente de fijar los objetivos de ventas y es contando con las personas que están en la calle todo el día y tienen la información más fidedigna: los vendedores. Se trata de fijarlos junto a ellos, no de imponérselos. Al hacerlo así ganamos dos cosas: se sienten escuchados, con lo que aumenta su compromiso y, en segundo lugar, al haber sido parte en su fijación, los hacen suyos.

El optimista fomenta el trabajo en equipo.

Hay una característica del optimista que es pasada por alto y de la que no se habla apenas, y es su dimensión social. Siempre le damos al optimismo un marchamo individualista, parece que es una actitud egoísta y que solo se preocupa de sí misma. Hasta ahora se ha estado tratando el optimismo desde el prisma individual, pero es un enfoque erróneo ya que está fuertemente orientado hacia los demás. Los optimistas tienen muy desarrollada la inteligencia interpersonal, eso les faculta para relacionarse con los demás con éxito y la profesión de las ventas trata sobre las relaciones humanas. Los optimistas no solo obtienen mejores resultados a nivel individual, sino que hacen que el equipo funcione como tal, engrasan la maquinaria de las relaciones con sus compañeros, les ayudan, crean un muy buen ambiente, y hacen que los resultados globales se multipliquen siguiendo una progresión geométrica (multiplicación) en lugar de aritmética (adición).

Se ha demostrado que son más solidarios y altruistas, así que, si aún sigues pensando que no necesitas seleccionar en base a optimismo, estarás derrochando recursos de tu empresa, tus índices de rotación de vendedores serán altos y tu equipo funcionará sin cohesión y todos irán por libre. Sus resultados serán más pobres. Los optimistas venden más y hacen que los demás también lo hagan, con lo que, si quieres hacer equipo y que este funcione en la calle, selecciona optimistas, es una decisión estratégicamente inteligente.

Consejo:
Reflexiona sobre los resultados qué obtendrías en tu departamento si incorporaras más optimistas. Mide el nivel de optimismo de tu fuerza de ventas y después capacita a tu equipo en esta virtud del carácter.

El optimismo debe ser un invento americano.

Todas las empresas del mundo se fundan en base a un pensamiento optimista, sin embargo, muy pocas seleccionan a sus vendedores en España en base al optimismo. En mis conferencias de los últimos años cuando pregunto quién selecciona vendedores en base a su nivel de optimismo, solo me he encontrado una que lo hiciera.

La prensa que tiene el optimismo no es muy buena. Y lo es desde tiempos remotos. Por ejemplo, tenemos esta frase pronunciada por William G. Ward hace más de 140 años:

«El optimista espera que el viento cambie, el pesimista no espera que cambie y el realista es el que ajusta las velas».

Parece como si el optimismo estuviera alejado de la realidad siendo una virtud del carácter pasiva. Es como la falsa «Ley de la atracción» que afirma desde el butacón de casa que los pedidos llegarán con solo pensar en ellos. Y si hay algo que caracteriza al optimista es la acción, los optimistas no son teóricos, son prácticos. Mejor que ese teólogo se hubiese dedicado a la Teología, más vale que no le dio por escribir sobre ventas. Han pasado muchos años desde esa frase del escocés, sin embargo, la creencia que tenemos hoy en día sobre el optimismo no ha cambiado mucho.

No le tenemos mucha estima en este país, tal y como afirma el psiquiatra afincado en Nueva York, Luis Rojas Marcos en este post https://www.lavanguardia.com/vida/201701 115/413326398077/psicologia-optimismo-optimismo-y-salud-luis-rojas-marcos.html?facet=amp

Los mantras que circulan no son ajustados a la verdadera realidad del optimismo. Es considerado por los expertos como la virtud del carácter más importante a la hora de conseguir resultados en cualquier profesión, tiene un locus de control interno, afronta las situaciones desde la honestidad y desde su responsabilidad, no echa balones fuera ni culpa a terceros de sus resultados. El desconocimiento que tenemos sobre él es muy importante y su poca aplicación en equipos de venta es preocupante y sorprendente.

El optimismo de los fundadores no se transmite con el tiempo y en ocasiones se diluye y olvida. Tampoco queda reflejado en las políticas de selección de vendedores ni en sus políticas de formación y adiestramiento. Tampoco ayuda la sobreexposición al buenismo y a las frases bonitas que hoy en día todos sufrimos en las redes sociales. Eso tampoco es el optimismo, son sucedáneos baratos y carentes de toda ciencia. El pensamiento positivo pasivo ha hecho mucho daño y ha contribuido a la confusión entre este pensamiento y el optimismo. Barbara Ehrenreich[20] es un claro exponente de este movimiento.

Consejo:
Haz el test gratuito en www.authentichappiness.org y cuenta cuántos optimistas tienes en tu equipo de ventas. Repítelo una vez al mes durante tres meses, si el porcentaje es inferior al 50 %, tienes un problema.

---

[20] Autora de *Sonríe o muere* critica con dureza el optimismo y lo asocia con un pensamiento positivo inmóvil e iluso. Afirma que fue el responsable de la crisis mundial iniciada en el 2008.

POSITIVIDAD

En entornos laborales positivos se produce un aumento de las ventas en un 37 %.

Según investigaciones del que fuera psicólogo de la Universidad de Harvard Shawn Achor, trabajar en entornos laborales positivos redunda en un aumento de las ventas en el porcentaje antes indicado. Incrementar emociones positivas en los equipos, no solo en los de ventas, es la decisión más inteligente que puede hacer un empresario. Cuando los vendedores experimentan emociones positivas son más creativos, aumentan su campo visual con lo que encuentran más oportunidades de negocio para ellos, se tornan mucho más solidarios con sus compañeros, reaccionan mucho mejor ante la presión y las adversidades, mejoran su capacidad cognitiva, solucionan mejor los problemas complejos, interactúan más entre ellos y generan un clima muy agradable que aumenta la fidelización del equipo de ventas. Importantes consecuencias para los vendedores de una empresa, sin embargo, es un aspecto descuidado por la mayoría de ellas.

Esta parte la trabajo personalmente en los equipos, no solo de ventas, sino también con equipos deportivos. Siguiendo el Modelo de Ampliación-Construcción de Barbara Fredrickson, experimentar positividad produce un aumento de nuestro campo visual que pone a nuestro alcance nuevas posibilidades que antes permanecían ocultas. Según Barbara:

«Las emociones positivas amplían nuestras tendencias de pensamiento y acción favoreciendo la construcción de recursos personales que transforman a la persona, la vuelven más creativa, con un conocimiento más profundo de las situaciones, es más resistente a las dificultades y está socialmente mejor integrado».

En concreto Barbara y el chileno Marcial Losada, se han dedicado a estudiar el Ratio de Losada[21] en equipos de ventas de alto, medio y bajo rendimiento y estos fueron los resultados:

Ratio de Losada equipos de venta

Emociones +/ Emociones –
Pensamientos +/ Pensamientos -

Alto rendimiento	5,614
Medio rendimiento	1,855
Bajo rendimiento	0,363

www.iosulazcoz.es

Figura 11

Marcial Losada y su mujer Geralda, experta en lenguaje no verbal, analizan tanto los pensamientos como las emociones de los equipos de ventas y la conclusión es clara:

«Los equipos de alto rendimiento presentan una proporción de positividad entre tres y cinco veces superior a los equipos de medio y bajo rendimiento respectivamente».

La pregunta que te puede surgir es cómo lo hago con mi equipo. Antes de darte unas pautas te diré que nuestro cerebro es incapaz de experimentar de manera simultánea emociones positivas y negativas, con lo que la mejor manera de disolver negatividad es inyectar positividad en los equipos. Te diré tres

---

[21] Es el cociente entre emociones positivas y negativas, así como el cociente entre pensamientos positivos y negativos.

estrategias, estas las empleé con Osasuna en las siete últimas jornadas en las que fuimos el mejor equipo de segunda división de la temporada 2018-2019:

1. Aumentar emociones positivas con el humor como catalizador.
2. Aumentar la frecuencia de eventos de ocio compartido entre los miembros del equipo.
3. Mejorar la comunicación: comunicación positiva como eje principal.

La positividad tiene otros muchos beneficios como muestro en la siguiente tabla:

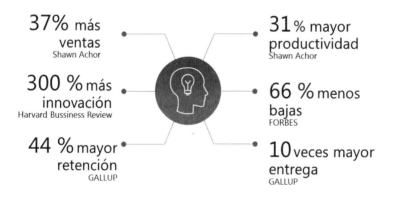

Figura 12

Consejo:

Es muy sencillo, durante un mes después de cada reunión de ventas, haz esta sencilla división. Divide las palabras positivas pronunciadas entre las negativas de cada miembro del equipo. Esta misma división la puedes hacer entre otros departamentos. Si la división es menor que tres, tu equipo tiene un problema.

Todo lo que la mente puede concebir lo logrará con una actitud mental positiva.

Esta frase la pronunció Napoleon Hill a principios del siglo XX y es una frontera que separa a los vendedores estrella de los vendedores fotocopia. La actitud de un vendedor es la que marca la grandísima diferencia y separación entre los vendedores de primer nivel y el resto. La actitud nace de la voluntad, de la rebeldía inconformista de aquellos que deciden no aceptar las cartas que le han dado y lo ponen todo de su parte para revertir esta situación.

Los vendedores estamos sometidos a unas corrientes que nos pueden hundir en el más profundo de los fondos abisales. Estas corrientes son representadas por aquellos vendedores que necesitan «venderte» sus creencias limitantes para poder validarlas.

La mente es generadora de conductas y lo que pensamos, con quién nos relacionamos, lo que leemos y lo qué aprendemos producirá configuraciones mentales concretas en nuestro cerebro plástico. Shawn Achor le llama Efecto Tetris, y este puede ser negativo o positivo. Nuestros pensamientos crean unas conexiones neuronales concretas que tendemos a reproducir una vez se establezcan. Con lo que se puede afirmar que nuestros pensamientos tienen efectos físicos sobre nuestro cerebro. Estos senderos cerebrales nos llevarán a un destino u a otro.

Pensar que es posible, pensar en positivo nos abre múltiples oportunidades que a los vendedores pesimistas les pasan totalmente desapercibidas. Pensar que es posible nos moviliza a la acción, nos prepara para saltar obstáculos que de otra manera nos parecerían insalvables. Alimenta tu mente y alimentarás tu futuro como vendedor.

Tras ganar el anillo de la NBA en la temporada de 1987, Pat Riley —entrenador de Los Angeles Lakers de baloncesto— fue preguntado por una periodista: «¿Eres capaz de repetirlo la temporada siguiente?». Pat respondió: «Te lo garantizo. Todo el equipo se movilizó en pos de conseguir ese objetivo, respondieron a una profecía autocumplida e hicieron todo lo posible e imposible para volver a ganar la siguiente temporada. Configuraron sus cerebros para volver a ganar. Lo consiguieron».

El poder del pensamiento es enorme y produce conductas y resultados brillantes o mediocres, así que debemos mantenernos vigilantes al respecto y pensar correctamente.

Consejo:

Aléjate del pensamiento que te anula como sujeto capaz de superar adversidades, que te instala en la imposibilidad del cambio. Sé crítico contigo mismo y con los que te rodean. Elige bien, sé exigente. Tiene más importancia de la que piensas.

La palabra emoción deriva del latín «emotio», que significa impulso o movimiento. Si queremos tocar la tecla del cambio debemos tocar las emociones.

A menudo en la dirección de ventas se trabaja en exceso la dimensión racional en detrimento de la emocional. Damos instrucciones y reglas, hacemos reuniones en las que se analizan racionalmente los resultados, marcamos estrategias racionales de segmentación, distribución, precio, comunicación y producto, olvidándonos por completo del componente emocional de los seres humanos, que es precisamente lo que nos mueve, lo que nos moviliza hacia el cambio. Sin embargo, ¿qué hacen las empresas por cambiar esto? Algo se está haciendo, pero dista mucho de lo que necesitan los equipos de ventas. Estos reciben de todo menos de lo que realmente consigue que estén motivados a largo plazo, y es que se sientan bien y felices haciendo lo que hacen. Es la única manera de disminuir los niveles de cortisol en sangre y aumentar con ello los resultados de ventas.

Las empresas hacen cursos de inteligencia emocional, pero realmente ¿se produce el cambio? Los líderes de las empresas deben ser los primeros apóstoles del cambio, deben tratar a los vendedores como personas y no como números. En el momento en el que los vendedores se sienten escuchados, sienten que su opinión importa, reciben *feedback*[22] positivo público y negativo en privado, se les dota de autonomía, en definitiva, se sienten queridos, su nivel de compromiso aumenta hasta niveles nunca antes imaginados, y todo ello se logra dirigiéndonos al cerebro límbico del vendedor, cerebro que acumula 200 millones de años y que es el responsable de casi todas las decisiones humanas. Las empresas se dirigen únicamente al cerebro racional, desdeñando el que decide, el límbico, estrategia muy poco inteligente.

A los seres humanos nos gusta que nos traten como tales y cometeríamos un grave error si inundamos de herramientas de control, de registro y de aplicaciones el trabajo de un vendedor.

Todo lo que nos aleje del contacto físico y de la dimensión emocional del vendedor estará condenado al más absoluto de los fracasos. No nos volvamos locos con las NT (Nuevas Tecnologías) pues están al servicio del profesional, no al revés. No debemos sacrificar las relaciones humanas en pos de una aplicación de la tecnología mal entendida y de un abuso de procesos y de control que ahoguen al vendedor y cercenen su iniciativa y su autonomía. El vendedor necesita saber que su opinión importa, que no es un sujeto pasivo de las decisiones que le afectan. Los efectos que sobre la salud tiene el no hacerlo deben ser tenidos en cuenta por las empresas.

---

[22] *Feedback* es la retroalimentación que recibe un profesional sobre su desempeño.

Consejo:

Evalúa el nivel de emociones que existen en tu departamento de ventas, ¿de qué tipo son? ¿con qué frecuencia se dan? Si prepondera la parte racional sobre la emocional, sé tú ejemplo de cambio y empieza por ti. Quizás vayas concienciando a tus compañeros y por extensión a la empresa entera. Todo gran camino empieza con un primer paso.

«El día en el que un rechazo no te lo tomes de manera personal y sí un rechazo a tu producto o a tu servicio, ese día crecerás como vendedor». Bryan Tracy.

Esta frase es muy poderosa, la escuché por primera vez en el Máster de Gestión Comercial y Marketing que hice en la Universidad de Navarra en 1998. Todavía no era consciente del significado y del valor que encerraban estas palabras, todavía no me había enfrentado a los primeros rechazos. Cuando empezaron me sentía muy mal, mi autoestima estaba por los suelos, esto hacía que cada vez me costara más hacer visitas a cliente nuevo, era como si los rechazos me hubieran atado a la mesa de mi oficina. Pero en ese momento no me rendí y seguí visitando, me costaba mucho esfuerzo volver a salir a la calle a enfrentarme no solo con mis clientes potenciales sino también con mis temores a ser rechazado de nuevo. Seguí aprendiendo de mis errores y empecé a conseguir cierres. Cada vez mejoraba mi tasa de cierre (visitas cerradas/visitas totales *100), y llegó un momento de mi carrera en el que entendí y sentí esta frase como si la hubiese pronunciado yo. Al principio los rechazos y pérdidas de clientes me los tomaba como algo personal, me los llevaba conmigo a casa y convivían conmigo todo el fin de semana. A los clientes que me hacían sentir así les cogía mucha manía y si tenían un bar o restaurante los tachaba de mi lista aun con el disgusto que le daba a mi mujer al vetar a algunos que a ella le gustaban. Me decía: «A este paso nos quedamos sin salir». Pasado un tiempo, los rechazos ya no me los tomaba como algo personal, sino que estaban dirigidos a mi producto o a mi servicio, en ese momento sentía cómo las negativas me molestaban, pero no me afectaban como antes y aunque no me gustaban me sentía mucho mejor. Yo ya tenía muchos éxitos a mis espaldas con lo que mi autoestima como vendedor no se veía comprometida como antes lo estaba al ser tan inexperto. En ese mismo momento sentía cómo el mundo se abría ante mí ya que si este cliente en particular no entendía o valoraba mi producto, habría otros muchos más que sí lo harían y así lo había comprobado en el pasado. Así que seguí visitando, cada vez se producían más cierres y estos me animaban a seguir visitando, cada vez con mejores resultados.

Estos mejoraban mi autoestima y construían mi autoeficacia (creencia en mis propias posibilidades), mi armadura de gladiador de las ventas se estaba forjando donde se tiene que forjar: en la calle. Las lanzas de los rechazos que antes me herían ahora solo representaban pequeños rasguños en mi armadura; me había convertido en un vendedor profesional.

El problema lo tenemos con los vendedores/vendedoras júniors a los que no mentorizamos y dejamos a su suerte en la calle, no les damos tiempo para construir su armadura, se derrumban y se lo toman todo muy a pecho. Personalizan sus fracasos y se tienen a sí mismos como unos inútiles y, posiblemente deambularán en varias empresas hasta abandonar definitivamente. Si la primera impresión sobre esta bellísima profesión es nefasta, entiendo que este profesional la abandone y se dedique a otra cosa. Estos vendedores júniors necesitan vacunas (negativas) para construir su autoestima, esta no se compra en la tómbola, sino que se consigue a base de no rendirse, de luchar contra la adversidad y tras aprender de los errores que cometemos como vendedores inexpertos. La mejor experiencia es la calle, y esta no se adquiere ni siquiera con este libro, se adquiere desgastando suela, con rechazos que te harán valorar —por contraste— los éxitos que seguro llegarán. Cuida a estos vendedores, no les dejes solos ante el frío.

Consejo:

Ante la duda, visita. ¿Más dudas? Más visitas. Aprende de lo que haces mal y corrígelo, sigue visitando, sigue corrigiendo. Date un tiempo y no seas demasiado duro contigo al principio. Pide ayuda. Los vendedores estrella no nacen, se hacen.

INVESTIGACIÓN COMERCIAL

En ventas hay una fase muy importante: la investigación comercial.

El arma más poderosa que tiene un vendedor es la información que recaba sobre su sector, su problemática, sobre el mercado, la competencia, su estrategia de penetración, de precios, etc. La información es poder y representa la argamasa sobre la que se construye el éxito comercial de todo vendedor.

¿En qué medida conozco los puntos fuertes de mi empresa? ¿y los de la competencia? ¿Los puntos débiles de la competencia? ¿y mis puntos débiles?

Antes de iniciar la visita de ventas deberás conocer al cliente mejor que él mismo si cabe, deberás haber hecho los deberes previamente y obtener toda la información posible sobre los problemas no solucionados y en ocasiones ocultos. No basta con mirar su página web, ya que esta solo refleja todas sus bondades y ninguna miseria. Para conocer la máxima información posible deberás combinar la que te proporcionan los distintos medios, con la que te aporta las visitas que realices a tu cliente potencial, y dentro de él deberás conocer los problemas específicos sin solucionar. Una vez que tengas toda la información actualizada, una vez que tengas el esqueleto, es el momento de armarlo con una secuencia de pasos poderosos que son los que proporciona mi Método Sell it. Muchas visitas no se cierran por falta de preparación y por realizarlas después sin ton ni son, sin un objetivo claro y específico que abordar.

Según dijo Louis Pasteur el 7 de diciembre de 1854: «Las oportunidades favorecen a las mentes preparadas».

En muchas ocasiones no realizamos segmentación alguna y pensamos que nos podemos dirigir al mercado de manera indiscriminada. Creemos que todos nuestros clientes potenciales entienden y valoran lo que nosotros ofrecemos y desgraciadamente esto no es así. Con lo que antes de empezar a obtener información sobre la empresa que voy a visitar debo hacerme una pregunta: ¿quién es mi cliente? En función de la respuesta centraré más el tiro y no desperdiciaré un recurso muy valioso que no siempre valoramos: el tiempo.

Observo con demasiada frecuencia cómo nos aproximamos a nuestros clientes potenciales sin conocerlos, sin conocer las distintas problemáticas específicas que tienen los diferentes departamentos de la empresa, sin conocer con quién y qué trabajan con la competencia, etc. En ocasiones descubrirás que la información sobre los problemas no solucionados dentro de la empresa no fluye del todo hacia arriba en la jerarquía y también sabrás que los problemas que cada departamento tiene son propiedad de cada sección y a menudo no son ni puestos en común ni se trabaja conjuntamente con las demás secciones para resolverlos.

Si conocemos todos esos puntos débiles y somos capaces de darles una solución adaptada a cada departamento es cuando estaremos preparados para aplicar el Método Sell it con las personas que deciden. Por ello la información es poder y debemos esforzarnos en conseguirla.

Existen muchas opciones hoy en día en la era de la información para obtenerla:

- Páginas web (solo información relativa al tipo de actividad, años de existencia, catálogo de productos, premios y distinciones, etc.).
- Informes (los hay de pago y los hay gratuitos).
- Directorios del Club de Marketing, Cámaras de Comercio, Ayuntamientos, etc.
- Informes de pago por parte de empresas que se dedican a la inteligencia competitiva.
- Información procedente de las redes sociales, preferentemente LinkedIn, Facebook y Twitter.
- Referencias de conocidos que trabajan en el sector y/o en la empresa que vas a visitar.
- La que te dan las personas que componen los distintos departamentos de la empresa.

- Asistencia a foros en los que esta empresa suele acudir.

Después de las visitas también es muy importante registrarlo todo, lo qué hablamos, qué objeciones nos planteó el cliente, cómo lo solucionamos, cuáles son las acciones propuestas y en qué fechas.

Cuando hablamos de competencia ¿dónde registro la información que recopilo? ¿tengo facturas de ellos?

Capítulo aparte merece el manual de ventas de productos compartido que ayudo a elaborar en las empresas. Contiene los argumentos de venta de cada producto que me dan sus vendedores, las objeciones que se plantean y sus soluciones, su equivalente en su competencia y sus puntos débiles y fuertes, testimoniales de clientes en texto y vídeo, características y discursos de *storytelling*. Estos manuales se comparten con todos los vendedores y con todas las incorporaciones nuevas. Estas fichas son una manera de capitalizar toda la inversión que la empresa ha realizado a lo largo de los años y que en muchas ocasiones se pierde. Estas fugas de talento representan pérdidas económicas millonarias que no recupera la empresa.

Consejo:

Contrata un buen CRM, es una herramienta de gestión comercial que registra información útil y que presenta movilidad a través de móviles y *tablets*.

Consejo:

Para investigar, lo más útil es recurrir a herramientas de inteligencia comercial y estratégica, para saber dónde moverse. Después, la que proporciona la web y redes sociales y, por último, la que te proporcionan las referencias de terceros.

La calificación de tus clientes potenciales marcará tu crecimiento futuro.

Esta es una de las virtudes más importantes que debe poseer todo vendedor de éxito. La elección de los clientes potenciales que vas a visitar es clave. Si la haces mal, perderás mucho tiempo y fuerza, consumirás energía emocional y entrarás en un círculo vicioso muy peligroso que se retroalimentará con cada rechazo que coseches, lo que irremediablemente te llevará a rendirte.

Por el contrario, si eliges a aquellos clientes con alta probabilidad de comprarte, tus ventas se dispararán. Sé inteligente y selecciona aquellos clientes que, por histórico, proveedores y tamaño te interesen en tus objetivos de aumentar la facturación sensiblemente.

Recuerdo el caso de un vendedor argentino que tuve en mi equipo. Él venía de otro sector, vendía tractores en su país y cambió radicalmente al venir a España. Con 55 años empezó a visitar pequeños clientes, trabajaba mucho, incluso los sábados, pero no lo veía traducido en sus resultados. En todas las reuniones de ventas le insistía lo mismo: «Cambia de estrategia, visita cuentas más grandes. Verás como tus resultados se dispararán». Así durante dos meses, hasta que, tras mucho insistir, me hizo caso. Empezó a visitar a clientes más grandes, cada nuevo cliente que conseguía facturaba como cinco pequeños juntos. Al reducir el número de visitas y desplazamientos a clientes pequeños, consiguió más tiempo para poder visitar a clientes grandes, así que al cabo de tres meses su facturación había aumentado en más de un 50 % y con ello su motivación y las ganas de seguir haciéndolo. Iñaki Armendáriz dejó huella en la empresa convirtiéndose en uno de los mejores vendedores que he tenido a mi cargo.

Consejo:
Pregúntate cuál es tu mercado, dónde se encuentra y cómo llegas a él. Cuando te preguntes quién es tu cliente, sé muy

específico y cuantas más descripciones des mejor. Filtra y filtra hasta llegar al grano de oro, a aquel cliente que va a entender tu servicio o producto sin muchas explicaciones ni tiempo invertido.

ÉTICA

En ventas debe existir ética.

Aplicar presión para cerrar es una mala inversión. Venderás hoy, pero mañana habrás perdido un cliente. A la mínima ocasión se irá con otro. Para vender debes hacerlo con ética. No debes vender cuando tu cliente no necesita tu producto o tu servicio y no va a ganar nada en la transacción. No prometas cosas que sabes que no puedes cumplir. El cliente se acuerda de las promesas. No actúes en contra de él y de sus intereses, esto hará que pierda la confianza en ti para siempre.

Nunca debes perder el foco en el cliente ni venderle cosas que sabes que no necesita o que necesita en menor cuantía. Sé honesto, y aun a costa de perder facturación, reduce el importe de la venta si crees que no lo necesita. Si lo haces habrás ganado un cliente, no solo una venta.

Consejo:

Pregúntate si lo que estás vendiendo se ajusta a las necesidades de tu cliente potencial y si no lo hace, ve reduciendo prestaciones hasta dar con el producto que se adapta a lo que el cliente necesita. Ojo, si reduces prestaciones, asegúrate de que no sale perdiendo.

FASE IN (dentro de la visita)

ADAPTACIÓN

Si no te adaptas al cliente eres uno más, un vendedor fotocopia.

Muchos vendedores no observan a su cliente, no observan sus gestos, su postura, su personalidad, su despacho, la manera de ordenar sus papeles, su respiración, su mirada, etc.

Al no observar y pasar por alto esta información tan relevante, no estableceremos una conexión con él de alta calidad sobre la cual poder construir mi discurso de ventas.

El mayor peligro que corre un vendedor es empezar a hablar de su producto sin haber establecido una sintonía total con su cliente. Si este se siente como uno más, no te prestará atención. Sentirá que no te preocupas realmente por él.

Establecer *rapport* con tu cliente potencial es una práctica a la que deberás prestarle un tiempo considerable antes de hablar de tu empresa o de tu producto.

Emplea el tiempo necesario en esta fase antes de continuar con tu mensaje de ventas. En mi caso esta es la fase en la que más tiempo invierto y nunca prosigo si no estoy seguro que el cliente me va a escuchar con plena atención e interés.

El viaje de la adaptación deberá ser este: persona, departamento, empresa, sector, ciudad, país. No es lo mismo venderle a un extrovertido que a un introvertido, a un visual que a un auditivo[23], a un departamento de compras que a uno de seguridad e higiene, a una empresa del sector agroalimentario que a una del metal, no es lo mismo vender en Madrid que en Barcelona, en Francia, que vender en Hungría. ¿Sabes por qué no debes brindar con cerveza en Hungría? Cuando los austriacos vencieron a los húngaros y crearon el Imperio Austrohúngaro entraron en sus ciudades y lo celebraron brindando con cerveza, por lo que si quieres hacer negocios en Hungría adáptate

---

[23] Visual, auditivo y kinestésico son lo que en PNL se llaman sistemas representativos bajo los cuales interpretamos nuestra realidad.

a su cultura. Brinda con vino, que los húngaros tienen unos caldos excelentes.

Adaptación

www.iosulazcoz.es

Figura 13

Una vez que nos hemos adaptado a la persona, al departamento en concreto —ya que cada departamento tiene necesidades bien distintas— tendré que adaptar mi discurso a la empresa a la que voy a vender y al sector. Cada uno tiene sus particularidades, necesidades, problemas y lenguaje característico.

Para conectar debes: adaptar tu voz en ritmo, tono, modulación y volumen, la respiración, lenguaje postural, conducta, mostrar empatía e interés sincero por tu cliente, generar clima y confianza, así como mostrar credibilidad. Sin eso NO empieces tu discurso de ventas.

Otra manera de sintonizar con tu cliente potencial es adaptándote a su estado emocional. No es lo mismo visitar a un cliente contento que a uno enfadado, a uno con prisa que a uno sin ella, a uno estresado que a uno que no lo está y así podría seguir hasta el infinito. Estas señales que nos envía nuestro cliente potencial las capta nuestro cerebro emocional, pero si estamos todo el rato hablando nos perderemos mucha información sensible que nos está enviando nuestro cliente desde las emociones que nos transmite.

Tu visita deberá ajustarse al período de tiempo del cual dispone nuestro cliente, de lo contrario podemos invertir demasiados minutos en los preliminares y para cuando nos queramos dar cuenta, el cliente nos dirá: «Tengo cinco minutos».

Existen diversas técnicas de adaptación que enseño en mis cursos. Tienen que ver con el lenguaje no verbal, y la personalidad de nuestro comprador. Una de ellas es la PNL (Programación Neurolingüística) y la otra es la Metodología DISC de William Marston, esta última es la herramienta de ventas más potente que he aprendido nunca. Lo hice en el año 1998 en un Máster de la Universidad de Navarra y al finalizar empecé a practicarlo para ver los resultados. Fueron espectaculares; siguen siéndolo. El año pasado me formé más sacándome el título de experto en DISC y cuanto más aprendo, más quiero seguir aplicándolo. El resultado es que cada vez obtengo más y mejores cierres.

Si consigues que el emisor y el receptor emitan en la misma frecuencia de onda, habrás puesto los cimientos para una operación exitosa.

Observa este vídeo y lo entenderás: lo que tiene que hacer un vendedor por encima de todo es adaptarse https://youtu.be/ORoQCgxHBfY.

Consejo:
Haz la visita como si estuvieras convenciendo a tu pareja de un viaje muy importante para ti. Habla su lenguaje, imita sus gestos, su respiración, prueba y verás cómo funciona.

Consejo:

No desperdicies balas que te podrían servir para otra ocasión con el mismo cliente. Si percibes que no «está presente» no prosigas y proponle otra reunión. Tu cerebro límbico y reptiliano —que tú también los tienes— te dirán si es ese momento o no. Lo que sientas en ese momento es el faro que te guiará.

Consejo:

Cómprate *Cómo negociar con éxito en 50 países* de Olegario Llamazares.

STORYTELLING

Los seres humanos hemos estado escuchando historias desde los albores del tiempo. Sin embargo, los vendedores de hoy en día lo han olvidado.

Desde hace más de 45.000 años los seres humanos han contado y escuchado historias, ese ha sido el vehículo mediante el cual se ha transmitido el conocimiento de generación en generación a través de los siglos. Es a través de las historias cuando un mensaje toma vida y te hace revivir esa misma situación como si fueras tú el protagonista. Esta forma de comunicación ha sido transmitida a través de los genes. Te hago estas dos preguntas: ¿Por qué cuando miramos al fuego nos quedamos absortos con cara de lelos y nuestra mente se pone en blanco de repente? ¿Has sacado el móvil para chatear mientras te sentabas alrededor del fuego? Es debido a que hemos heredado los genes de nuestros antepasados, y su admiración por el fuego y las historias que transmitían a su grupo de influencia. Historias de cacerías y proyectos, de amores y desamores, pero solo las mejores movilizaban a toda una tribu en pos del próximo objetivo. Las historias nos movilizaron al cambio, nos enseñaron cómo desenvolvernos y en definitiva a sobrevivir.

Sin embargo, hoy en día los vendedores parece que hemos perdido esta habilidad, solo vemos historias en las películas. Y no todas nos las creemos, ya que no nos hacen sentir nada especial. En ventas, existe una necesidad imperiosa de enseñar a los vendedores a contar historias. A través de ellas el cerebro límbico de nuestro cliente facilita la segregación de una serie de hormonas del placer, tales como las endorfinas, dopamina, serotonina y oxitocina. En función del contenido y la forma de transmitir el mensaje se activará la segregación de un cóctel determinado de hormonas que inundarán nuestro torrente sanguíneo, produciéndose así un anclaje muy poderoso de nuestro mensaje en el cerebro límbico de nuestro cliente. Si somos capaces de conseguir que nuestro cerebro segregue estas hormonas en nuestro discurso de ventas habremos dado un paso muy importante. Nuestro mensaje será de un impacto y durabilidad mayor. Es en el cerebro límbico donde deberás librar la mayor parte de las batallas y si conoces su manera de procesar la información habrás dado un paso que muy pocos han hecho.

Diferentes autores hablan de distintos tipos de *storytelling*, como el de marca, el de valores, de sentimientos universales, de héroes, etc. Nuestro discurso de ventas beberá de una u otra fuente y las combinará entre ellas según conveniencia.

Necesitamos formar en técnicas de *storytelling* no solo a vendedores sino también a emprendedores, ONG, políticos, etc.

Recuerdo un discurso de Ana Botella cuando era la Alcaldesa de Madrid en el que afirmó lo siguiente: «Nos tienen que dar los Juegos Olímpicos de 2020 debido a que España lo necesita dada su precaria situación económica». Creía Cristina que dar pena era una técnica eficaz de venta.

En fin, sin palabras. ¿Tendrían que aprender a vender y a contar historias nuestros políticos?

En la medida que reaprendamos este arte ancestral, nuestros mensajes calarán más, venderemos más, recaudaremos más dinero, conseguiremos más votantes y más inscripciones a nuestros eventos.

Os dejo aquí un ejercicio de *storytelling* que hice con Manuel Rial —CEO de Seguridad A1— en FEUGA (Fundación Empresa Universidad Gallega) de Santiago de Compostela:

«Dicen que el humor es lo que diferencia al animal del ser humano. Y dicen los cómicos que el humor es algo muy serio…»

«Si el humor es algo muy serio, todo parece indicar que la seguridad y protección de los tuyos también debe ser algo muy serio (…)»

Parece estar diciendo: «La seguridad es un asunto que no debe ser tomado en broma».

Este discurso ganó por abrumadora diferencia y ahora viene el dato que nos debería hacer pensar a todos los que estamos en la calle: Manuel, en ese momento, no se dedicaba a las ventas; tenía un trabajo técnico.

En otra ocasión, esta vez en un seminario para APD[24] en Bilbao, me sucedió lo mismo; el que ganó llevaba tres meses en ventas.

Es prematuro hacer esta pregunta, ya que necesitaría de muchos más casos para que mi afirmación tuviese un valor científico, pero me hice esta reflexión: «Puede ser que tengamos automatizados nuestros discursos de ventas y que estos estén centrados más en nuestros productos que en nuestros clientes. Innovamos muy poco y repetimos el mismo discurso lineal hasta la saciedad».

Debemos reflexionar sobre esto, de lo contrario el cliente no se sentirá querido, no sentirá empatía con nosotros y no se establecerá el vínculo emocional y hormonal necesario que toda transacción comercial deberá tener.

---

[24] APD son las siglas de la Asociación para el Progreso de la Dirección. www.apd.es.

Consejo:

Ensaya tus discursos de ventas siguiendo la clásica estructura de *storytelling*: villano, problemas y héroe. En la que el villano son las empresas de la competencia (sin nombrarlas), estas producen inquietudes sobre problemas sin solucionar en la mente del cliente y al final, aparece el héroe que somos nosotros y nuestra solución.

Para que te hagas una idea de lo que estoy hablando te muestro este vídeo: https://you.be/vlDxms2-nRM.

No hagas discursos iguales, innova, refresca y emociona. Si hacemos los discursos de la misma manera a todo el mundo este se sentirá uno más.

No hay peor estrategia que la de no preparar tus discursos de ventas. Necesitas refrescarlos ya que, si no lo haces, sonarás a cinta de cursillo. Tu discurso perderá fuerza y el cliente se sentirá uno más. Esfuérzate en hacerle sentir único, el más importante de tu agenda de hoy, aquel que merece toda tu atención y profesionalidad, aquel en el que has decidido invertir tu tiempo para ayudarle a mejorar su negocio.

Lo primero que has de hacer es preparar tu discurso de ventas siguiendo una estructura que maximice el impacto que va a tener en tu cliente. Existen más de cuarenta técnicas de *storytelling* de ventas que enseño en mis talleres. Nunca se nos ha enseñado a los vendedores a hacer esto y nunca, o muy pocas veces, me encuentro discursos brillantes. Somos demasiado predecibles y acabamos aburriendo a nuestros clientes Sonamos a repetidos y nuestro discurso es plano.

Cuando ensayo discursos comerciales de primera con mis alumnos noto mucha dificultad en ellos para realizar discursos memorables, aunque esto se cura con entrenamiento. En la mayoría de sus discursos prima la parte centrada en sus productos que en las emociones que debe despertar en sus clientes.

Consejo:

Redacta tres discursos de ventas. Actualízalos cada tres meses. Cada seis meses redacta otros tres y revisa si puedes mejorar los anteriores. El objetivo es hacer cada vez discursos más eficaces y memorables. Archívalos y crea un reservorio para poder consultarlos y enriquecerlos cuando lo necesites.

Cambia el foco en tus presentaciones de producto.

Según investigaciones realizadas en fuerzas de ventas por el psicólogo británico Neil Rackham —y uno de los mejores vendedores del mundo—, la mayoría de las presentaciones de producto no tienen los efectos deseados. Porque se les adoctrina en poner el foco en el producto y no en el cliente. Cuando el producto ya no es novedad, con el paso del tiempo, los vendedores se empiezan a centrar en las necesidades del cliente, aspecto que no deberían haber desatendido nunca.

Cuando se presentan los productos nuevos, el foco se centra en las características y ventajas de la novedad. Cuando, en lugar de eso, el foco se debería centrar en las necesidades que satisface de los clientes y en los beneficios asociados a la adquisición de mi producto o mi servicio.

Consejo:

Redacta una lista con las necesidades insatisfechas de tu cliente y calibra el modo en el que tu producto o servicio las satisface. Empareja cada necesidad con el producto o característica que la soluciona. Incorpora en tus discursos este «maridaje».

Si no sabes contar historias en tus visitas de ventas no impacta-rás en cerebro que toma las decisiones en un 95 %, el cerebro límbico.

Según la teoría original del «cerebro triuno» de Paul MacLean de los años 60 y, posteriormente, modificada, el ser humano tiene tres cerebros interconectados que se influyen los unos a los otros. Estos son el cerebro reptiliano de 500 millones de años, el cerebro límbico o emocional de 200 millones de años, y el cerebro racional o neocórtex de 100.000 años.

Los científicos de la Universidad Técnica de California, la Universidad Carnegie Mellon y del MIT (Massachusetts Insti-tute of Tecnology), Colin Camerer, George Loewenstein y Dra-zen Prelec afirman lo siguiente:

«Los seres humanos estamos programados para tomar pri-mero decisiones basadas en las emociones y después en las reflexiones».

Uno de los más grandes formadores y conferenciantes que ha habido en ventas Zig Ziglar concluye:

«Entre los factores que deciden una venta, el 80 % son emo-cionales y el 20 % son racionales».

Según varios neurocientíficos, las decisiones de compra se toman en el cerebro límbico entre siete y diez segundos antes de que sea consciente el cerebro racional; esto también se da en ventas técnicas.

Según todos estos autores parece que nos deberíamos cen-trar únicamente en el cerebro límbico, en generar emociones más que razones, y esto es un craso error. Debemos entrenar a nuestro vendedor en tocar ambos hemisferios con nuestro discurso de ventas; la clave de todo está en el equilibrio. Si tu venta es una venta a largo plazo en la que tu interlocutor tiene que trasladar los parabienes de tu producto a una persona que decide y que no está presente en tu reunión de ventas, única-mente con factores emocionales no nos alcanzará para cerrar la operación, ya que el factor emocional no puede ser transmi-tido con la misma eficacia con que lo hacemos nosotros, que somos los que vivimos nuestro producto, así que las emociones transmitidas por terceros pierden toda su eficacia original.

Las técnicas de *storytelling* están claramente enfocadas a influir en el hemisferio emocional y también en el racional a través de técnicas de data *storytelling*[25]

En mis formaciones en ventas observo en un porcentaje muy alto que los vendedores realizan sus discursos cometiendo tres errores comunes: el primero de ellos es que hablan al principio de su producto, el segundo es que lo hacen durante demasiado tiempo, y el tercero es que casi todos los factores que utilizan son racionales, relegando al ostracismo a los factores emocionales. Nos cuesta una barbaridad hablar en clave emocional y esto puede tener una explicación fisiológica y otra cultural. Fisiológica, ya que el acceso desde el cerebro racional al emocional es más estrecho que desde el emocional al racional, y cultural ya que no se nos ha educado a saber reconocer y poner nombre a las emociones y mucho menos a expresarlas. Estamos de esta manera perdiendo mucho en nuestros discursos de ventas, no estamos llegando al cerebro que decide con la fuerza deseada, y nuestro mensaje será olvidado.

Consejo:
Entrénate en transmitir emociones en tus discursos de ventas. Empieza con tus seres cercanos y después en pequeños grupos que te den un *feedback* sincero.

Consejo:
Graba tus discursos de ventas y mide el porcentaje de razones y de emociones en el mismo. Si el porcentaje de razones es superior al de emociones debes invertir la tendencia hasta que el porcentaje de emociones sea muy superior al de razones. En ventas muy técnicas estos porcentajes varían.

---

[25] Data *storytelling* significa presentar datos de forma no lineal, creativa e impactante. Te dejo este vídeo de Hans Rosling como ejemplo https://youtu.be7hVimVzgtD6w.

Creer en lo que vendes añade fuerza y confianza a tu discurso de ventas. Si le añades pasión, entonces no tendrás rival.

Cuando hablas con confianza de tu producto transmites seguridad y minimizas el riesgo a comprarte en el cerebro del cliente.

En este punto, es hora de saltar hacia el siguiente nivel: la pasión con la que hablas. Cuando hablas desde la pasión, el cerebro del cliente potencial interpreta que otros ya han comprado tu producto con lo que te ganarás su confianza. Pero para transmitir pasión es necesario que el vendedor sienta la marca, no solo que conozca su logotipo y sus características. Si eres capaz de transformarlo en una marca y que esta se integre en tu ADN, en tu persona, serás capaz de vender al cliente más resistente a través de la pasión y el brío con las que transmites tu mensaje.

Creer en lo que vendes es un factor muy importante que debe poseer todo vendedor y que añade fuerza a todas las fases de la venta. Si no crees en lo que vendes, tarde o temprano abandonarás, a la mínima dejarás de vender ese producto.

Recuerdo el caso de un distribuidor de mi empresa. Yo llevaba un año trabajando en ella. Subió un día a donde yo estaba y tuvimos una acalorada discusión. El empezó a ponerme a la competencia por las nubes; cualquier empresa tenía mejores productos que la nuestra. Estuvo durante una hora poniendo todo tipo de pegas a nuestro producto y toda una batería de beneficios de los productos de la competencia. Al final vi que la conversación no avanzaba y le dije:

«Vender es un acto de fe; si no crees en mi producto búscate otro. Si encuentras más beneficios en la competencia deberías trabajar con ella».

Vendas lo que vendas, tu empresa y sus productos son los mejores del mercado, si no lo crees así no lo transmitirás y no cerrarás operaciones. Mientras estés vendiendo una marca en concreto esta será la única para ti y no existen otras. Todas y cada una de ellas tienen puntos débiles que deberemos aprovechar.

Prefiero empresas que crean en mi producto, que crean en mí como profesional. Entiendo que todo producto es mejorable, pero mientras lo representes es EL PRODUCTO. Dedícate a buscar puntos débiles de los productos de la competencia y elabora un discurso de primera. Al final, este distribuidor dejó de trabajar con mi empresa, montó otra para competir con nosotros y, lo que es peor, utilizó malas prácticas carentes de ética para hacerlo. ¿Dónde está hoy esa empresa? No existe.

El primer paso es creer en lo que vendes, el segundo es el compromiso que adquieres con ese producto y el tercero es la honestidad para contigo mismo. Puede que seas consciente de la existencia de otros productos mejores que el tuyo, pero tú te debes al tuyo y, mientras mantengas ese compromiso, lo que vendes es lo mejor del mercado para ti y para el cliente. Sé honesto contigo mismo; si piensas que tu producto realmente no cumple con lo que vendes o ha dejado de ofrecer el valor que tú piensas que debe tener, busca otro que se adapte mejor. Ningún producto es perfecto ni satisface plenamente a tu cliente potencial, por lo que siempre existirán insatisfacciones hacia el mismo. Aquí es donde la empresa, en primer lugar, debe ser consciente de sus debilidades e iniciar entonces un proceso de mejora continua. Debe innovar y aplicar los principios de Benchmarking para mejorar lo existente, y debe continuamente construir valor para su cliente potencial. No nos podemos permitir la autocomplacencia. La competencia siempre está en movimiento, ideando estrategias para quitarte un trozo del pastel. No se lo permitas y no te detengas nunca.

Consejo:
Hay momentos para expresar pasión en tu discurso de ventas, no lo deberás hacer durante todo el tiempo. Selecciona aquellos fragmentos del mismo en los que quieres hacer énfasis diferencial y aplica ahí pasión con tus palabras y con tu lenguaje no verbal.

Las ventas son el arte de tratar con humanos. No utilices solo componentes racionales en tus presentaciones.

Siempre que realices una visita de ventas, y aunque esta sea una venta muy técnica, ten en cuenta que las ventas se establecen entre seres humanos. Si solo nos ceñimos a los datos, cifras y estadísticas y olvidamos el componente emocional de nuestros discursos de ventas, no lograremos una visita de primera que influya en nuestro cliente, que perdure en el tiempo y que lo fidelice en último término.

Es demasiado arriesgado obviar a nuestro cerebro límbico de 200 millones de años, que ha sido y es vital en nuestra evolución como especie y como vendedores. Tampoco debemos olvidar al cerebro reptiliano de 500 millones de años, que es el que mantiene nuestras funciones vitales y el que interviene cuando estamos en peligro de muerte. Y llegados a este punto te haré una pregunta: ¿sabías que cuando sentimos peligro de muerte o experimentamos una pérdida económica se activan las mismas partes de nuestro cerebro? No debemos ser extremistas, ya que en el equilibrio está la virtud y la sabiduría.

La evolución de nuestro neocórtex es lo que nos distingue de los animales y gracias a ello hemos alcanzado el estatus que tenemos actualmente. Sin embargo, este cerebro moderno está interconectado con los otros dos, el reptiliano y el límbico. La mente de nuestro comprador es el resultado de la combinación de los tres cerebros que todos tenemos y los tres influyen en sus decisiones de compra por lo que deberemos trabajarlos conjuntamente en nuestras presentaciones de ventas. Nadie dijo que vender fuera fácil. Cada cerebro entiende un lenguaje concreto, deberemos aprender los tres correspondientes al cerebro racional, límbico y reptiliano.

Consejo:
Introduce emociones en tus discursos, negativas y positivas, para lograr un mensaje poderoso que influya. Las negativas cuando estamos descendiendo por el «valle de la

incomodidad»[26] a nuestro cliente, y positivas cuando le hacemos visualizar el disfrute de nuestra solución.

«*Debes ser congruente en lo que dices y en cómo lo dices*».

Los distintos cerebros de nuestro cliente funcionan como uno solo, mientras que el racional está analizando sesudamente lo qué decimos, el límbico y el reptiliano se fijan en cómo lo decimos y si este mensaje de voz está correctamente alineado con el lenguaje no verbal. Tono, ritmo, cuerpo y mensaje deben estar alineados. Si no lo están, nuestros cerebros primitivos se darán cuenta y sonarás falso. Habrás perdido lo más importante en tu visita de ventas, la confianza. Es mejor que recojas todo tu material y te vayas por donde has venido.

Más adelante veremos la importancia que tiene el lenguaje no verbal en la comunicación; muy superior al lenguaje verbal. Los seres humanos somos seres emocionales y nuestros cerebros límbico y reptiliano actúa a modo de detector de mentiras. Detectan señales del todo invisibles para nuestro cerebro racional. Estos cerebros de las emociones son una herencia de nuestros antepasados cazadores/recolectores de hace miles de años. Nos ha enseñado muchísimas cosas que han sido grabadas en nuestros genes. Nos ha enseñado en quién confiar y en quién no. Fue y será una caja de herramientas que llevamos incorporada desde que nacemos y que nos ayudará a saber identificar peligros y amenazas, así como oportunidades y compañeros de vida y de negocios. Así que tenlo en cuenta cuando hagas tus discursos. Enfrente tendrás cerebros de 700 millones de años analizando cada gesto y cada postura que hagas; detectando en milisegundos —mucho antes de que el cerebro racional sea consciente— si están alineados con tus palabras.

---

[26] «Valle de la incomodidad» lo desarrollaré en mi próximo libro.

Consejo:

Graba en vídeo tus discursos y analiza la congruencia de tu mensaje de ventas. Corrige hasta que la alineación sea perfecta.

En tu presentación de ventas no hables de tu producto al principio.

Los vendedores nos lanzamos en la fase inicial de nuestra visita a hablar de nuestro producto o nuestro servicio, de sus bondades, de la empresa, de los años de existencia, facturación, presencia en decenas de países, etc. Todavía no está preparado el cliente para recibir esta información, todavía no has generado interés ni deseo.

Figura 14

Cuando alguien va a ligar no le pide a la chica o al chico el teléfono al principio, sino que invierte un tiempo en generar atracción, interés, deseo y acción. Este es el llamado Método A.I.D.A. Tal y como puedes comprobar ligar es como vender, y si sigues un método serás el rey de la pista. Si no creamos erotismo previo al hablar de nuestro producto, si nos quitamos todas las prendas de golpe, haremos que nuestro cliente potencial pierda el interés rápidamente.

Recuerdo el caso de una visita que hice a una industria del frío. Vendía ambientadores en servicio, pero yo debía envolver el regalo en un papel muy llamativo y un lazo rojo. Llevaba conmigo un maletín demostración que dejé encima de la mesa. Todos los asistentes lo miraban intrigados, pero todavía no era su momento. Empecé a hablar de todos los riesgos que corrían las industrias hoy en día en un ámbito tan delicado como lo son los aseos. Hice una descripción pormenorizada de todos ellos, inicié un recorrido de problemas y riesgos del sector y una vez que tenía a mi cliente donde yo quería, abrí el maletín y les hice una demostración práctica. Cabe señalar que no solo vendía ambientadores sino, además de ellos, vendía un servicio integral de desinfección y desincrustación de aseos. Había generado un erotismo muy grande y la guinda del pastel fue la demostración.

«Si el cliente puede tocar, oler, ver, sentir y oír tu presentación esta será mucho más poderosa. Utiliza en tu presentación los tres sistemas representativos de la realidad que tenemos los seres humanos, el visual, el auditivo y el kinestésico».

Si todavía no hemos conectado con nuestro cliente potencial, si no nos hemos adaptado a su frecuencia de onda, todo lo que digamos se perderá, todas nuestras balas no harán diana y, lo que es peor, la imagen que estaremos dejando es la de un vendedor más. Nuestro cliente pensará: «Como todos, me hace perder el tiempo y, si lo veo o me llama otra vez, me inventaré una excusa para no volver a estar con él».

Debemos generar tensión narrativa a lo largo de nuestro discurso de ventas, debemos generar interés y deseo en nuestro cliente en escuchar cómo le vamos a solucionar los problemas. Solo en ese momento de máxima atención, apertura y predisposición, cuando estamos en total sintonía con nuestro cliente, cuando está intrigado e impaciente por saber cómo le vamos a mejorar su empresa, es cuando podremos presentarle a nuestro héroe, a nuestra solución.

Consejo:
Resiste la tentación de hablar de tu producto y de tu empresa al principio. Cuando lo hagas no lo hagas en un porcentaje de tu visita de ventas superior al 20 %, y hazlo siempre al final.

Dentro de nuestro discurso de ventas hay una parte cuyo peso en la conversación de ventas debemos vigilar. Se trata de hablar sobre nosotros y nuestro producto demasiado tiempo. Los mejores conferenciantes no hablan más del 10 % sobre sí mismos.

Los mejores TED, los que más dinero recaudan y los más vistos, siguen la siguiente regla: de lo que menos hablan es de uno mismo, después, de los datos que avalan los beneficios de su producto. Y, al final, y en porcentajes superiores al 55 % hablan de emociones.

En ventas, ¿qué porcentaje de tiempo hablas sobre tu producto? Vigílalo.

Para muestra, visiona este TED de Barry Stevenson de 2012 https//:youtu.be/c2tOp7OxyQ8.

Es el que más dinero ha recaudado para una causa social en sus más de treinta años de historia. En él habla un 10 % de sí mismo, un 22 % habla sobre datos que refuerzan su mensaje y un 68 % sobre emociones.

¿Veis el peso que dan los mejores a las emociones?

Consejo:
Visiona los TED de Ken Robinson (https://youtu.be/nPB-41q97zg), de Ernesto Sirolli (https://youtu.be/chXsLtHqfdM)

y de Amy Purdy (https://youtu.be/N2QZM7azGoA). Calcula los porcentajes del *ethos* (uno mismo), del *logos* (datos) y del *pathos* (emociones).

Cuando practico mi Modelo CEB (característica/emoción/ beneficio diferencial) encuentro verdaderas dificultades en los vendedores para asociar características y emociones en sus discursos de ventas.

Este ejercicio consiste en hacer una lista con las características de tu producto o tu servicio. Otra con sus correspondientes emociones que pretendes trasladar al cliente en tu discurso de ventas y otra con los beneficios diferenciales asociados a dichas características.

Cuando empiezo este ejercicio con mis alumnos, las características fluyen de manera casi inmediata. Las emociones son las más complicadas, ya que los beneficios en la mayoría de los casos los tienen claros.

Hablar en términos de emociones es muy complicado para los vendedores y es muy importante incorporarlos en tus discursos de ventas. Cuando los integro en mi Método Sell it, el resultado es maravilloso, ya que las emociones que tienen que aplicar son, por un lado negativas para generar incomodidad, y por otro lado positivas, cuando le vamos preparando para que aparezca nuestro héroe/solución.

Consejo:
Siempre que estés hablando de características a tu cliente recuerda que lo tienes que emocionar y traducirlo a beneficios. A la vez tienes que responderle a la pregunta: ¿Por qué te tengo que comprar a ti? ¿Qué gano al comprarte a ti y no a otro?

Jeff Bezos, CEO de Amazon, ha prohibido los PowerPoint en las reuniones y los ha sustituido por seis hojas que narren historias.

Nuestro cerebro límbico es analógico y se moviliza con las historias. Enseñar técnicas de *storytelling* a los vendedores es crucial para hablar el lenguaje del cerebro que decide.

Los vendedores debemos convertirnos en actores profesionales que tenemos que interpretar un guion. Tenemos que vivirlo de tal modo que seamos capaces de emocionar a nuestro cliente o prospecto. Tenemos que ejecutar presentaciones vivas, y no escondernos tras datos, cifras, estadísticas y presentaciones estáticas. Si no emocionamos, si solo nos dirigimos al cerebro digital, estaremos emitiendo un mensaje sin fuerza, que no será recordado ni comprado. Por ello Jeff Bezos ha decidido prohibirlos. Las mejores presentaciones de la historia se han escenificado sin ayudas ni pantallas.

Consejo:
Graba tres presentaciones de ventas de tu producto. Analiza qué porcentaje del tiempo hablas de tu empresa, de tu producto y de ti; cuánto tiempo hablas de emociones y cuánto tiempo usas los datos.

En ventas debes crear tensión narrativa para poder despertar el interés de tu cliente potencial.

El proceso narrativo, al igual que sucede con las películas, debe seguir una estructura: un villano aparece en escena y provoca una serie de problemas o incomodidades, y después aparece el héroe. Siguiendo un símil con nuestro discurso de ventas, el villano serían las necesidades insatisfechas de nuestros clientes potenciales, transmitidas por nuestro vendedor, este hace visibles problemas que permanecían ocultos y, cuando el cliente potencial está angustiado, entonces es cuando le vamos mostrando la necesidad de solucionar el problema con nuestra solución que aparece al final, es nuestro héroe. Imagina qué sería de la industria del cine si todo fuese de color de rosa y no hubiera ningún problema, o en ventas que la solución apareciera al principio sin haber creado el suficiente interés en nuestro cliente potencial, ni haber desarrollado la incomodidad necesaria para que esta le moleste realmente. Si el héroe apareciera al principio junto con la solución, la película habría acabado antes de empezar.

Si en nuestra visita no conseguimos hacerle ver a nuestro cliente potencial las consecuencias fatales de seguir igual, de no tomar ninguna decisión, la empresa por inercia seguirá igual. Esto no se consigue diciéndole al cliente todo tipo de parabienes y poniendo una alfombra roja allá donde pisa, sino sumergiéndole en aguas turbulentas y dirigiéndolo a una orilla donde se encuentre en paz. En esa orilla estás tú con tu solución.

Consejo:
Elabora tu discurso de ventas siguiendo la estructura villano-problemas-solución. En la fase de problemas, hazlos vívidos; poténcialos, añádeles color, brillo e intensidad, aumenta el estado de incomodidad de tu cliente, después de esto vete aliviándole con las emociones positivas que se producen al hablar de la solución que tú le vas a ofrecer. Haz que tu cliente potencial desee con intensidad tu producto o tu servicio, eso se consigue invirtiendo talento y esfuerzo.

DIFERENCIACIÓN

En el siglo XXI ya no es suficiente con vender como el pasado siglo. Innova o desaparece, diferénciate o serás prescindible.

¿Por qué te empeñas en seguir vendiendo como se hacía en el siglo XX? El mercado ha experimentado muchas mutaciones, y todas ellas se han orientado a un desequilibrio de poder. En los años 60 y 70 del siglo XX había mucha más demanda que oferta. Era la época de los carretes de fotos Kodak, de las fotocopiadoras Canon y Xerox y de tantas otras empresas que tenían el poder; tenían y manejaban la información. Conozco vendedores que ganaron variables de escándalo, viajes de ensueño; eran otros tiempos. A principios de los 90 irrumpe el entorno Windows y, posteriormente, internet y las redes sociales. En este entorno digital la información fluye sin control. Cuando yo empecé a vender, en 1998, ni existía Google ni las redes sociales. Podías llevar el control de las visitas y tenías más información que los clientes potenciales a los que visitabas. La oferta era todavía limitada y la demanda empezaba a caer. Cuando la oferta es casi viral y la demanda débil, no podemos emplear las mismas estrategias que cuando la demanda era abundante y nos quitaban los productos de las manos sin hacer esfuerzo por venderlos siquiera. No podemos pensar que por llevar cuarenta años en el mercado y ser muy conocidos en el sector los clientes nos van a llamar o a entrar por la puerta.

Los tiempos actuales exigen un análisis detallado sobre nuestra posición en el mercado, amenazas y oportunidades. Y ante tal abundancia de vendedores —y también de vendedores precio— la única manera de diferenciarse es capacitando a nuestra fuerza de ventas.

Consejo:

Pregúntate qué haces diferente a lo que hacían a finales del siglo XX. Escribe en una hoja diez cosas que crees que han cambiado y, al lado, qué estás haciendo para solucionarlas.

Llega siempre puntual.

Es muy importante ser respetuoso con el tiempo del cliente. Si quedas a una hora, sé puntual. Si vas a retrasarte más de cinco minutos, llama al cliente potencial y explícale el motivo de tu retraso. Llegar tarde rompe la sintonía y genera desconfianza hacia ti y tu producto.

He conocido y sigo conociendo a vendedores que no tienen en cuenta la importancia de este factor y suelen llegar siempre una media de quince o treinta minutos tarde a TODAS sus visitas. Cuando hacen esto es como si estuvieran diciéndole a su cliente que no lo valoran, que su tiempo no es importante para nosotros; pareciera como si fuésemos la novia de la boda, en la que el novio y todos los invitados tuvieran que esperar en la puerta de la iglesia. Parece como si nuestro tiempo fuera más importante que el de nuestro cliente potencial. Este es un error muy grave porque ponemos la importancia y el foco en nosotros, cuando la importancia y el foco pertenecen a nuestro cliente. Las ventas son un ejercicio de empatía y dedicación. Si no estás dispuesto a dar y a cuidar a tu cliente, dedícate a una actividad en la que no tengas que interactuar con personas. Valora a tu cliente, la mejor manera de apreciarle y acercarte a él es respetando su tiempo.

Consejo:
Calcula la ruta que vas a emplear para llegar puntual. Si consultas Google Maps podrás calcular el tiempo de llegada teniendo en cuenta el tráfico existente. Es mejor salir con antelación suficiente, contemplando la posibilidad de atascos y otras contingencias. Llegar puntual es una seña de identidad de los mejores vendedores del mundo.

PRECIO

Si confundes valor con precio estás muerto.

Si pesa más el precio que cualquier otro beneficio que hayas podido trasladar en tu visita de ventas es que no lo has hecho bien. Muchos vendedores venden por precio y no se preparan para defenderlo. A la mínima de cambio sucumben y aplican descuentos muy altos. Si siempre le damos al cliente precio lo mismo que entramos por precio moriremos por precio. Porque siempre habrá alguien más barato que tú. Si tu estrategia está estructurada en torno a los bajos costes y tu guerra es el precio tienes que estar preparado para pelear esas batallas. Debes aumentar los stocks, ya que querrás aprovecharte de la economía de escala. Ese inmovilizado lastrará tu cuenta de resultados, los márgenes se reducirán sensiblemente y una vez hayas recortado todo lo recortable, entonces le tocará el recorte a la fuerza de ventas. Este es el peor remedio que puedes tomar. Un equipo de ventas desmotivado es lo peor que se puede tener. Y siempre habrá quien esté mejor preparado para pelear esas batallas, al final, es la crónica de una muerte anunciada.

Si por el contrario tu estrategia es una de diferenciación por aporte de valor añadido, ahí los márgenes son mucho más altos, no entras en subastas ni el cliente te puede comparar con otros debido a que lo que tú le ofreces es único y singular. El cliente, al percibir ese valor, está dispuesto a pagar por él, ya que todos quieren comprar lo mejor y a alguien que les dé seguridad y elimine el riesgo. Al no poder comparar tan fácilmente como en el anterior caso, el cliente no tiene el marco de referencia tan claro, este está más difuso, con lo que, al aumentar la percepción de valor, también lo hacen los márgenes. Desmarcarte de la mayoría de productos fotocopia es una apuesta inteligente y de futuro. Si no lo haces, ya sabes cuál es la guerra en la que participarás, la del precio más bajo.

Consejo:
Ten claro en cuál de las dos guerras quieres participar. Elige la estrategia en función de esa elección.

El precio es un valor subjetivo, aprende a defenderlo.

La objeción más común en ventas es el precio. A la vez es la más difícil y una de las pocas cuya discusión debe ser aplazada al final de la conversación. Cuando pregunto a los equipos de venta a los que formo si el precio es un factor subjetivo u objetivo, la confusión reinante es muy notoria, dudan y, al final, responden a partes iguales. En realidad, aun sabiendo que es subjetivo y no objetivo, los vendedores le otorgamos la impronta de objetivo, aunque sepamos que no lo es.

Si no has sido capaz de construir valor en tu visita de ventas, tu precio será percibido como caro. Si has hecho tu trabajo bien, será percibido como costoso y además necesario. Según Daniel Kahneman en su libro *Pensar rápido, pensar despacio* nos habla de dos sistemas, el sistema rápido (1) y el sistema lento (2). La mayoría de las veces usamos el sistema 1, ya que supone un consumo energético menor. Con este sistema el cerebro rastrea rápidamente otros productos similares con los que establecer comparación y decidir. El sistema 2 es el sistema lento de procesamiento racional, que consume una gran cantidad de energía; por ese motivo es usado con menos frecuencia. Así, el sistema 1 establece un marco de referencia con el que comparar tu producto. Si la comparación no es posible porque has aportado varios valores diferenciales, el cliente no podrá valorar si tu producto es caro o barato. En ese momento el precio pasa a un segundo plano, la «heurística del juicio» del cliente navega al viento de tus valores diferenciales y no se encuentra amarrada en puerto a varias anclas de referencia con las que poder etiquetarte como caro. Así que el control de la situación y de los márgenes la tienes tú. El objetivo final es que el cliente no sepa si eres barato o caro. Ten cuidado a la hora de utilizar la manida frase: «Lo barato sale caro» debido a que está muy manoseada y ha perdido mucha eficacia, sé creativo e inventa otra frase. Te regalo esta:

«Tras un precio bajo se esconden escasas prestaciones que se disfrazan de palabrería barata y eso a la larga acaba perjudicándote».

En la llamada «pirámide valor/cliente» se efectúa una división entre los beneficios que le brindas al cliente y el precio de tu producto o servicio. Si la división es mayor que 1, es decir, si el numerador es mayor que el denominador (precio), significa que el producto o servicio es percibido como de alto valor. Si por el contrario es inferior a 1 significa que el precio pesa más que el valor. Si es mayor que 1 el precio se diluye y si es menor el precio se agranda.

Así que tienes que esforzarte por añadir beneficios diferenciales, tantos como puedas; estos diluirán el precio como un azucarillo en café caliente.

Consejo:
Habla del precio cuando tú decidas hacerlo, y no cuando te lo indica el cliente. Hazlo cuando estés seguro de que has aportado el valor suficiente, es decir, al final de tu discurso de ventas.

No hables de precio si todavía no has construido valor.

Ya lo decía Antonio Machado: «Confundir precio con valor es de necios».

Los vendedores en ocasiones hemos cometido el error de hablar de nosotros al principio de la conversación de ventas y acto seguido facilitamos el precio. Si no hemos creado sintonía y no hemos sido capaces de generar interés y deseo, no tiene sentido hablar de precio.

Vender es puro erotismo. Debes crear una tensión narrativa, un misterio a lo largo de tu presentación de ventas que desemboque en un héroe que aparece al final de la película; ese héroe es tu producto o servicio. Pero antes de que aparezca has debido generar un deseo irresistible. Si todo está perfecto, si no has descubierto necesidades ocultas y problemas sin solucionar, serás uno más y el cliente te mostrará la puerta de salida sin haber cerrado el pedido.

Para generar deseo es necesario hacer una investigación a fondo del cliente potencial al que vas a visitar. Conocer toda su problemática que te hayan trasladado los diferentes departamentos de la empresa. Para conocer al cliente no basta con navegar en su página web, ahí solo se cuentan virtudes. Para conocerlo de verdad deberás bajar al barro, ir a la empresa y preguntar; es la única manera.

En un gimnasio con el que trabajé, el gerente tenía en el mostrador unos catálogos con el precio de cada uno de los productos que vendía para que se los llevaran los usuarios. Cuando le pregunté por qué lo hacía, me respondió que porque el cliente de hoy en día no tiene tiempo para que le atienda un técnico comercial y le explique los servicios. Todos los comerciales de este gimnasio afirmaban lo mismo, que los clientes les decían que no tenían tiempo para que les explicaran los distintos productos. Me puse detrás del mostrador un día, era uno más de ese gimnasio, y derivé TODAS las visitas que me entraron a los técnicos comerciales. Los cierres aumentaron un 30 % respecto a los que se producían antes, y los folletos ya no tenían impreso el precio. Este sería dado por un técnico comercial después de haberle enseñado el producto y sus beneficios asociados, después de haber aportado una solución específica a las necesidades de nuestro cliente potencial. Dar el precio al principio es como empezar a ver una película por el final.

Consejo:
Haz una lista de beneficios de tu producto, y una lista de problemas no solucionados en el sector y en el cliente poten-

cial en particular. Asegúrate de que el cliente ha entendido todo antes de darle el precio. Puedes utilizar por ejemplo el llamado «cierre sumario», en el cual le recuerdas al cliente potencial todos los beneficios que has mencionado durante la conversación de ventas para después intentar el cierre.

Si solo vendes precio no eres un vendedor.

Cuando selecciono vendedores y el primer día de trabajo me preguntan cuánto descuento pueden aplicar a la familia de productos, que a su vez es la más económica, encuentro a los llamados «vendedores fotocopia». Esos vendedores se pliegan a las exigencias de reducción de precio del cliente a las primeras de cambio, entrando en un mercado de subasta, en el que se compra al mejor postor, mercado en el que solo gana una de las partes, el cliente.

Actuar así mina a la larga la autoestima del profesional de las ventas. Este no argumenta, no se prepara las visitas, no quiere negociar ni construir valor, lleva haciéndolo mucho tiempo, para qué va a cambiar. En esta guerra de precios, hay un dicho: «el más fuerte capador». El estrés de nuestro vendedor es muy alto, la presión a la que le somete el mercado es muy alta, los ataques que recibe de la competencia siempre son por precio, así que pierde clientes de manera constante, siempre habrá competidores mejor preparados, que se puedan permitir mejores condiciones. Además, cada vez está más generalizada la creación de grandes grupos de compra que están fagocitando a las distribuciones pequeñas, así que si no inviertes en valor, no vales.

Consejo:
Diferénciate, investiga, fórmate y defiende el precio a capa y espada. No eres una ONG, y tu empresa también quiere ganar dinero. Si tu producto es el mismo, solo te queda diferenciarte

en base a tu servicio y, sobre todo, en base a la capacidad que tenga el vendedor de convertirse en un consultor y proveedor de soluciones adaptadas y personalizadas.

PREGUNTAS

El cliente no quiere que le atosigues a preguntas, quiere respuestas.

El arte de hacer preguntas no se suele enseñar, y cuando se hace solo se alude a dos tipos de preguntas: las abiertas, que son las que empiezan con un qué, cómo, por qué, etc., que son exploratorias; y las cerradas, las que se responden con un sí o un no. Se utilizan para dirigir la conversación de ventas, asegurándonos que estamos entendiendo lo que el cliente está diciendo o para hacer algún tipo de cierre directo. También existen preguntas reflexivas para hacer pensar al cliente sobre su estado presente y preguntas de posicionamiento, para conseguir avances o cierres parciales. Más adelante verás cuatro tipos más de preguntas.

Los vendedores tenemos una tendencia insana: la de hacer preguntas en las que el cliente se sabe la respuesta, con lo que no le descubrimos nada nuevo. Le hacemos muchas, al principio, muchas de ellas son referentes a información que podríamos haber obtenido antes de realizar la visita, las hacemos a destiempo y, además, son las mismas que han preguntado decenas de vendedores antes que tú, con lo que consigues que el cliente se enfade y cierre las compuertas del castillo.

El cliente quiere respuestas a sus problemas, no preguntas que le hagan perder el tiempo. Muestra un poco de empatía con él y no pienses que tiene todo el tiempo del mundo para ti.

Consejo:
Prepárate las preguntas por escrito y, una vez en visita, haz las que estén enfocadas a descubrir información que el cliente desconoce, que le hagan reflexionar sobre la realidad de su situación actual, que le hagan pensar si realmente está haciéndolo bien. Cuando preguntas bien, el cliente se incomoda, ese es tu objetivo, sacarle de su sillón de confort, si eres uno más,

eres uno menos, tal y como dice mi admirada Mónica Galán Bravo[27].

Según Neil Rackham hay cuatro tipos de preguntas en ventas: de situación, de implicación, de problema y de necesidad.

Según el psicólogo británico Neil Rackham y después de hacer una serie de investigaciones estadísticamente significativas a principios de los años 90, existen cuatro tipos de preguntas que dieron lugar a su Método Spin Selling. Dichas preguntas están destinadas a conseguir que el cliente potencial te venda la solución que tú has venido a ofrecerle. Estas cuatro preguntas se realizan al principio de la conversación de ventas y con ellas se consigue centrar tu presentación, haciéndole visualizar al cliente potencial todas las consecuencias derivadas de continuar con la situación actual. En mis talleres las combino con otras preguntas que están destinadas a hacerle ver al cliente realmente cómo se encuentra su empresa, y lo que se está perdiendo por no innovar y mejorar su situación. Estas preguntas tienen como objetivo hacerle descender al cliente potencial por el «valle de la incomodidad». Se trata de hacer que le pique todo el cuerpo.

Estas cuatro preguntas son:

1. *Preguntas situación*: destinadas a describir con la mayor exactitud posible la situación actual en la que se encuentra la empresa. Se establece el marco sobre el que girará la conversación de ventas.

2. *Preguntas problema*: con ellas se explicitan todos los problemas posibles asociados a la situación actual. Generando inquietud y descendiendo al cliente potencial por el «valle de la incomodidad» es como conseguire-

---

[27] Autora del Método Bravo de oratoria. www.monicagalan.com.

mos arrancarle del sofá de confort donde recibe a todos los vendedores fotocopia sin inmutarse. Tu propósito es generarle inquietud y deseo. No te lo estás inventando, sino que los problemas están latentes y presentes en su negocio; está oculto y tu deber, como buen investigador y profesional de las ventas, es sacarlo a la luz y hacer que el cliente potencial esté incómodo en el sofá y acabe levantándose al final. Esa señal de interés es el mejor indicativo de que vas por el buen camino. Si el cliente potencial no te pregunta nada durante tu conversación de ventas no es una buena señal, aunque a ti te parezca que está presente, seguramente estará diseñando su fin de semana en su cabeza mientras hace el papelón contigo.

3. *Preguntas de implicación*: Destinadas a hacerle ver al cliente potencial las consecuencias de no hacer nada y de continuar en la misma situación. Esta fase está incorporada a la Fase 4 (*Planteamiento General*) y a la Fase 5 (*Planteamiento Específico*) de mi Método Sell it, en las cuales acciono sobre el hemisferio derecho (emocional) con técnicas de *storytelling* y con el hemisferio izquierdo (racional) con datos y cifras. El cliente potencial está realmente incómodo, ya no quiere seguir sentado y empieza a intervenir activamente, se levanta del sofá de confort y dice: «Vaya no me había parado a pensar en estos aspectos, creía que lo tenía todo más controlado». En ese momento sucede la magia, el ¡eureka!

4. *Preguntas necesidad*: Aquí es el cliente potencial el que empieza a venderte tu propia solución. Se pone en situación y explicita todas las acciones que hay que acometer para solucionar los problemas que ha detectado. Coincide que dichas soluciones son las que tú has venido a ofrecerle. Esto es muy potente, ya que no hay nada más efectivo que sea el propio cliente potencial el que te venda tu solución. Su cerebro ya ha decidido comprarte,

has generado no solo inquietud, sino un deseo irrefrenable de comprar tu producto o servicio.

Estas preguntas deben hacerse desde la primera hasta la última siguiendo el orden de flujo comentado en esta secuencia.

Consejo:
Escribe todas las preguntas que vas a hacer durante tu visita y prepáralas con antelación. Clasifícalas en estos cuatro tipos. Cuantas más prepares mejor, y cuantas más apliques en tus visitas mejor será tu aprendizaje. Recuerda que lo que no practicas se atrofia. Al principio tendrás que pensarlas conscientemente y con la experiencia te saldrán solas, sin pensar. Habrás automatizado una de las conductas más importantes en ventas: el arte de hacer preguntas.

No hagas preguntas hasta que el cliente esté en sintonía.

No tiene ningún sentido empezar a hacer preguntas si todavía no has entrado en *rapport* con el cliente. Si no estás en su misma frecuencia de onda, empezar a hacer preguntas a lo loco y sin anestesia es contraproducente.

Si no has establecido un canal de comunicación con tu cliente, todo lo que digas caerá en saco roto. Estarás perdiendo tu tiempo, el de tu cliente, e hipotecando posibilidades futuras.

Consejo:
Invierte tiempo en generar confianza con tu cliente potencial y asegúrate de que has entrado en sintonía. Si lo has hecho, lo notarás en los gestos, lenguaje corporal del cliente potencial, en la respiración y en sus palabras; estas serán menos secas, menos cortantes y más distendidas. Lo notará un cerebro muy inteligente que todos tenemos, el cerebro límbico. Una vez en

sintonía, empieza con las preguntas y que estas sean útiles y te lleven a compromisos por parte del cliente.

No aburras a preguntas.

El número de preguntas que le debes hacer a tu cliente es un asunto muy importante. No hay ni un número máximo ni un número mínimo. Hacemos, en general, pocas, con lo que obtenemos escasa información y, además, no nos son útiles de verdad y no nos proporcionan información sensible con la que sacar del sofá al cliente potencial.

Cuidado con hacerle preguntas que puedan hacer sentir al cliente potencial como si hubiera cometido un asesinato y estuviera siendo interrogado por un inspector de policía. Ten arte a la hora de hacerlas, intercala conversación en medio y espacia las preguntas. Vigila el tono, el volumen, la velocidad, e intercala elementos externos como lo puede ser una historia para ofrecer el marco sobre el que formular la pregunta, sé creativo.

Cuando haces preguntas fotocopia como, por ejemplo, la de la foto de su hija sobre el escritorio (es la misma pregunta que han hecho decenas de vendedores antes que tú), el cliente potencial piensa: «Vaya, ya ha entrado otro vendedor al que le importo poco y que está usando técnicas baratas para venderme y beneficiarse solo él, no para solucionarme problemas». La distinción es muy sutil pero muy importante.

Consejo:
Haz las preguntas justas y observa detenidamente el lenguaje no verbal del cliente potencial. Si lo ves incómodo, que está mirando al reloj, a la puerta; si está muy rígidamente sentado, con una respiración acelerada, lo estás perdiendo. Deja inmediatamente de hacer preguntas encadenadas y reposiciona la visita preguntándole qué le parece

lo que le estás contando hasta ahora y cómo vas de tiempo. Es importante que el cliente potencial esté al 100 % contigo. Si tiene prisa por una reunión inminente o debe salir de viaje, no tiene sentido que sigas en la visita, solicita un aplazamiento.

Hay una pregunta que debes saber responder: ¿por qué tengo que comprarte a ti?

Cuando realizo formaciones hay vendedores que saben perfectamente esta respuesta y hay otros muchos que me contestan de manera genérica y que son exactamente las mismas que están utilizando la competencia.

Debes tener clara cuál es tu ventaja diferencial competitiva y poder escribirla en una tarjeta de visita en una sola frase corta. Ese factor diferencial es lo que va a hacer que tu cliente potencial te compre. A ellos les gusta comprar cosas originales, al cerebro le apasiona la novedad, les gusta sentirse únicos y eso no puedes conseguirlo con un producto que es exactamente el mismo que se vende en la puerta de al lado.

Consejo:
Escribe diez motivos por los que deben comprar tu producto o tu servicio y que esos motivos sean diferenciales, tuyos.

Los mejores vendedores son los que menos hablan y cuando lo hacen es para hacer preguntas y posicionar su solución.

Cuando hablas, empleas la mayor parte del cerebro, mientras que cuando escuchas utilizas un 20 % como máximo. Eso significa que el cliente potencial tiene el 80 % de su cerebro disponible para desconectar y pensar en otros asuntos más importantes que la conversación de ventas que está manteniendo contigo. Por eso, cuando hablas mucho te estás perdiendo mucha información relevante que te puede ayudar en tu visita de ventas. Te vas a perder gestos, miradas y toda la rica información que el lenguaje no verbal proporciona.

Según los expertos, los mejores vendedores del mundo hablan únicamente un 33 % del tiempo, y cuando lo hacen es para generar sintonía, preguntar y posicionar su solución. ¿Cuántas ventas se pierden porque el vendedor, una vez que ha cerrado el pedido, sigue hablando? Te respondo: más de la cuenta. Cuando nuestro cliente escucha, si no le interesa lo que dices, desconectará al instante. Y claro, como tu cerebro está concentrado y entregado al 100 % en lo que estás contando, no tiene capacidad de observar lo que realmente está sucediendo. Así que habla menos y escucha más.

Debes conseguir que el cliente hable. Así lograrás información que te será de enorme utilidad. Sin información no hay venta, y la mejor manera de conseguirla es preguntando bien, para que el cliente se abra y te dé la información que necesitas para cerrar la venta.

Consejo:
Deja hablar a tu cliente potencial, pues se sentirá escuchado y querido; sentirá que has venido a visitarle para ayudarle, no para venderle. Así que conviértete en oyente y no en un busto parlante.

Cuando empieces la visita pregunta por el tiempo que te conceden.

En ocasiones se malinterpreta la palabra *rapport* y en un exceso el vendedor lo que consigue es comerse todo el tiempo de la visita con los preámbulos. Empieza a hablar del último derbi entre el Madrid y el Barcelona durante más de treinta minutos y cuando observa al cliente potencial inquieto y con prisa le pregunta por el tiempo del que dispone para hablar de su producto. Cuando le contesta que cinco minutos, el vendedor se pone nervioso y aprieta el acelerador haciendo la visita en tiempo récord, sin conseguir que el cliente potencial entienda nada de lo que dice ni se interese en absoluto por el producto. Acaba de perder una excelente oportunidad de causar una muy buena impresión como profesional de las ventas. Esa mala impresión será una lacra que arrastraremos hasta que no seamos capaces de resolverla delante de ese cliente.

En esta fase los alemanes, holandeses, y todos los nórdicos en general, no emplean más de cinco minutos, y sus visitas no duran más de quince.

Recuerdo el caso de un vendedor holandés con el que visité muchas empresas y hacía lo mismo que en su país, es decir, ir directamente al grano. Yo le sugerí que aquí en España invertimos un mínimo de tiempo en los preámbulos y que este es superior al que él empleaba en Holanda. Poco a poco fue entrando en nuestra cultura y las visitas le salían mucho mejor; cerraba casi todas. En ferias pasaba lo mismo, estando en Ámsterdam en la Feria de Higiene Profesional ISSA Interclean los vendedores de los stands de Alemania y países nórdicos empleaban muy poco o nada de tiempo en los preliminares, sin embargo, cuando visitabas stands de españoles o italianos esto cambiaba radicalmente; los preámbulos estaban aderezados con jamón de bellota, vino crianza e historias varias. En ese caldo de cultivo se conseguían cerrar muchos acuerdos. No digo que con el otro no, pero el mensaje es que te tienes que adaptar al país en el que vendes.

Consejo:

Antes de empezar, pregunta por el tiempo que te conceden y sé escrupulosamente respetuoso con él. La impresión que causarás es la de un profesional de las ventas. Y a eso no está acostumbrado tu cliente potencial. Diferenciarse de esta manera abre las puertas de par en par al cierre ya que muy pocos lo hacen.

A la mayor parte de los vendedores no se les entrena en el arte de hacer preguntas.

En todas las formaciones de ventas a las que he asistido como alumno, y han sido unas cuantas, en todos los textos que he leído, en muy pocos se instruye sobre el arte de hacer preguntas. En las empresas a las que formo, casi nunca les han instruido en este arte tan importante. De hecho, la forma más eficaz de obtener información es mediante las preguntas. No se nos instruye acerca de cómo formularlas, en qué momento de la visita, los tipos de preguntas que existen, la cantidad adecuada y la utilidad de las preguntas efectuadas. Son muchos los aspectos a tener en cuenta para ser un excelente detective y ese es un «deber» inexcusable de los departamentos de ventas. Las preguntas también son un instrumento muy utilizado en las ciencias de la salud como la medicina y la psicología ya que la única manera de descubrir los puntos de dolor del paciente y asegurarnos una correcta prescripción del tratamiento es mediante el arte de hacer las preguntas adecuadas.

Es precioso observar cómo aprendiendo a hacer las preguntas adecuadas obtenemos las respuestas que buscamos y nuestras posibilidades de cierre se multiplican. Si las preguntas efectuadas son buenas, la información proporcionada será una importante herramienta para acercarnos al cierre.

Consejo:
Aprende a hacer preguntas estudiando lo que sí hay que hacer. Prepara las preguntas por escrito antes de realizar la visita y enmárcalas dentro de una estructura, dentro de un método. Verás inmediatamente los resultados.

CIERRE

El cierre es una consecuencia del trabajo previo bien hecho, no un hecho aislado.

En ocasiones me quieren contratar solo técnicas de cierre, expertos en ventas conocedores de esta debilidad o punto de dolor, introducen esta palabra en los títulos de sus obras, así como en sus cursos.

El cierre es la consecuencia de un trabajo bien hecho y de nada sirve enseñar técnicas de manera aislada si no lo integramos en nuestro discurso de ventas junto a otros muchos elementos. Si has hecho bien tu trabajo, el cierre vendrá solo y ocupará menos del 10 % de tu presentación de ventas cuando antaño, allá por los años 50 ocupaba el 40 %. Paulatinamente ha ido perdiendo peso en la visita, pero no por ello debemos dejar de dominar todas las técnicas de cierre posibles. De hecho, yo enseño veintisiete técnicas en mis formaciones, algunas de ellas de mi cosecha particular, que he ido aplicando a lo largo de mis años de experiencia.

El cierre está integrado en una serie de elementos que intervienen en la decisión del comprador; aislado del resto del proceso, no tiene ningún sentido aplicar las técnicas. Es como construir tu casa por el tejado, antes tendrás que haber puesto los cimientos. Cuando el cierre se lleva a cabo mal y de manera burda, el cliente potencial lo interpreta como un intento de manipulación. También sucede cuando el cliente potencial es un experimentado comprador y ha visto estas técnicas durante años, y no siempre aplicadas con maestría. Al sentir que lo queremos manipular, perdemos lo más importante, su confianza. No digo que no tengamos que intentar el cierre, sino que deberemos hacerlo con maestría en el momento adecuado, con sentido y enmarcado en un discurso con estructura.

Consejo:
Haz tu trabajo de primera para que cuando tengas que utilizar técnicas de cierre estas sean un acto muy natural y se apli-

quen sin tensión, sin forzar la situación; de lo contrario estarás generando fricción y el cliente te verá como alguien a quien solo le interesa su dinero y no sus problemas.

Un vendedor necesita construir su autoestima en base a cierres y estos solo se consiguen con más y mejores visitas.

Los vendedores necesitamos los cierres como el oxígeno que respiramos. Por eso es muy importante planificar y calificar muy bien el tipo de cliente a visitar, para que cada cierto tiempo se produzcan cierres. He visto a muchos vendedores de ventas complejas a largo plazo desesperarse por lo mucho que se dilataba en el tiempo el cierre. Este tipo de ventas no se combinaban con ventas de cierres a corto plazo. La autoestima del vendedor cae, la creencia en sus propias capacidades (autoeficacia) también, por lo que cada vez lo intenta menos, generándose un círculo vicioso de emociones negativas que le pueden llevar a abandonar, si no sabemos gestionar bien esta situación.

Cuando cierras, por el contrario, te sientes vendedor, y ese orgullo produce la segregación de serotonina que te lleva a intentarlo más y con más seguridad y confianza en ti mismo, lo que rápidamente se traduce en más ventas.

He conocido grandísimos vendedores de ventas complejas que han abandonado cuando estaban muy cerca de conseguirlas, que no han creído con la suficiente fuerza en ellos mismos y que, pasados varios meses sin resultados, han decidido abandonar la empresa. Sus sustitutos empezaron esas mismas cuentas con energía y moral intactas y cerraron esas operaciones pasados unos meses; parte del trabajo, quizás el más duro, ya lo había hecho su predecesor. Los vendedores necesitamos vender como el comer, y no por cobrar la comisión y seguir en la empresa, va mucho más allá; lo necesitamos para sentirnos vendedores, para creer en nosotros mismos, para así tener la suficiente energía, brío y valor para enfrentarnos al duro y exigente mercado. Estos vendedores y sus empresas en ocasiones equivocan su estrategia, ya que las ventas grandes y jugosas no siempre se producen, y, mientras, el vendedor necesita seguir alimentando su instinto de profesional de las ventas.

Consejo:

Alterna siempre cierres que te hagan sentir vivo, busca siempre clientes grandes, pero en el camino de su consecución elige clientes más pequeños y fáciles de cerrar.

Si detectas una señal de compra, focaliza y cierra. No te extiendas en explicar más tu producto.

Cuando estás presentando tu solución, observa detenidamente las reacciones de tu cliente potencial. Quizás no estés tan cerca como para observar la dilatación de sus pupilas cuando le has dicho algo que le ha interesado, pero sí puedes observar cuándo le cambia el gesto, cuándo ha emitido un ligero «ohm» o cuándo su inclinación hacia ti y su postura erguida delatan que está claramente interesado por lo que acabas de decir. Esa técnica de cierre es conocida como la «tecla candente». Esa es una vía de entrada, un punto de dolor que tendrás que tocar una y otra vez hasta conseguir el cierre. Deja de seguir explicándole las bondades de tu producto y céntrate en ese punto de dolor, focaliza y cierra.

Consejo:

Cuando detectes una tecla candente, olvídate del resto de características y beneficios de tu producto o servicio y céntrate en pulsar la tecla candente tantas veces como sea necesario. Tu objetivo es cerrar; ya habrá tiempo de hacer venta cruzada, no quieras venderlo todo de una vez.

Según la National Association of Sales de EE. UU. un 48 % de los vendedores nunca siguen las prospecciones.

En este estudio estadísticamente representativo que se realizó entre cientos de vendedores de todos los sectores en EE. UU. salieron unos resultados muy sorprendentes. ¿Cuál es el motivo por el que los vendedores no siguen las prospecciones? Déjeme aportar uno, el miedo al rechazo. Antes de llevarse un NO prefieren no volver a ese cliente. Así estos vendedores esquilman el mercado muy rápido y se les acaba la «pista» igual de rápido. Intercambian tarjetas y catálogos con la esperanza de que alguno les llame o les mande un *email.*

Esto no funciona, si te piden la tarjeta o te dicen que te van a llamar que sepas que nunca lo harán. Algo o todo lo has hecho mal, no has influido en el cliente potencial, así que no les des la tarjeta y pregúntales abiertamente porqué no ven necesario tu producto o tu servicio.

Un 48 % de vendedores que no siguen las prospecciones es un dato muy alarmante para las empresas que están destinando recursos ingentes en vendedores que no hacen bien su trabajo. El problema radica en que las empresas piensan que los mecanismos que tienen de control funcionan, cuando esto no es así.

Lo importante no es la cantidad, sino la calidad de las visitas que haces. Las empresas, para quedarse tranquilas, quieren que trabajes cantidad de tiempo, por ello quieren ver el parte de visitas lleno, mientras que lo que deben entender es la reflexión con la que empecé este libro. Deben entender que es mejor poco y bueno que mucho y malo, deben estar preparados para encontrarse a su vendedor de fiesta a las once de la mañana, siempre y cuando ese vendedor haya cumplido sus objetivos. Ese vendedor puede incluso compaginar su trabajo por cuenta ajena con un trabajo por cuenta propia. Por último y no menos importante, tengo que decir que las ventas son un trabajo que requiere mucho esfuerzo y energía y que solo cuando alcances cierta maestría podrás liberarte tiempo. Solo entonces sabrás seleccionar mejor a tus objetivos, estos serán de mayor facturación, y necesitarás menos tiempo para conseguirlos; este tiempo te pertenece y tú decides lo que hacer con él. En mi caso, como llevo las ventas en la sangre, siempre sigo vendiendo, no lo puedo evitar. Como dice una amiga mía tengo «incontinencia en ventas».

Consejo:
Cuando realices tu reunión de ventas, pide los partes de visita, si los tienes en formato digital mejor. Haz un seguimiento de los clientes potenciales durante un mes y pregunta por ellos. De vez en cuando y el mismo día sorprende y visita con tus vendedores para ver si son repartidores de tarjetas o realmente hacen una visita profesional de ventas. Comprueba la calidad de esos clientes potenciales y lo trabajados que están.

Según la National Association of Sales solo un 10 % de los vendedores hacen más de un tercer contacto.

Siguiendo con esta estadística que da que pensar, resulta que los cierres se producen entre el quinto y el duodécimo contacto y resulta que solo un 10 % realizan más de un tercer contacto. Con lo que se puede afirmar que en este 10 % se encuentran los mejores vendedores del mundo. Hoy en día existe una saturación de oferta muy importante y para tomar una decisión nuestro cliente potencial necesita más tiempo que antes con lo cual deberemos hacer más visitas. Se precisan de varios contactos para que el cliente potencial adquiera confianza con el vendedor.

Existen formadores que te enseñan a vender en treinta segundos, otros que te enseñan a hacer cierres rápidos. Personalmente pienso que eso es pan para hoy y hambre para mañana, ya que la relación establecida con el cliente no será nunca sólida. Estas técnicas están más orientadas a pensar en el cliente como una caja registradora, en lugar de pensar en él como una persona o empresa a la cual ayudar. Maximizar los beneficios nunca puede estar por encima del cliente y de sus necesidades, nunca puede estar por encima de las personas pasando estas a ser meros números y estadísticas para nosotros.

Cuantas más visitas realices al mismo cliente, más *rapport* se generará y más abierto estará a recibir nueva información. El cliente potencial se sentirá más relajado y distendido, e incluso se alegrará de verte. Esto hace que se active la parte del cerebro asociada con la recompensa, es al núcleo *accumbens* que segrega hormonas del placer como lo son las endorfinas, dopamina, serotonina y oxitocina.

Consejo:

Persigue tus visitas, hasta que obtengas un sí o un no. Te sorprenderás al comprobar que el cliente potencial que parecía que no ibas a cerrar resulta que, si haces bien tu trabajo y obtienes toda la información necesaria para posicionar tu producto o servicio, al final se convierte en cliente. Muchas veces me ha pasado que en visitas que esperaba grandes cierres no he conseguido nada y otras que no daba un duro por ellas resulta que se convirtieron en clientes. Así que sigue las prospecciones más de tres contactos y comprueba qué pasa. Eso sí, no hagas contactos por hacer, hazlos bien y recaba toda la información y puntos críticos posibles.

Según las investigaciones de Neil Rackham las técnicas de cierre son más efectivas a corto plazo.

De las investigaciones de Neil se deduce que en las ventas a corto plazo, en las que la calificación del comprador no es muy alta y el producto no es muy complejo, las técnicas de cierre son más efectivas, mientras que en las ventas de productos complejos en los que el comprador está más preparado, es muy peligroso que detecte que estamos usando técnicas de cierre, ya que las conoce todas y se puede sentir manipulado. Sus investigaciones arrojan datos en los que se desaconseja utilizar técnicas de cierre en ventas complejas y de ciclo largo de tiempo. Personalmente, no veo por qué no se pueden usar, con buena praxis, estas técnicas en ventas a largo plazo. Yo las he utilizado y también funcionan. Claro está que, hay técnicas que se desaconsejan en ventas a largo, como lo son, por citar tres ejemplos:

- *Cierre de la escasez*: «Cómpralo, que mañana igual no lo tengo».

- *Cierre de las referencias*: «La empresa X ya disfruta de mi producto». El cliente potencial puede pensar: «Ya, pero mi empresa es diferente y no quiero ser como las demás y hacer lo mismo que ellas». Cuidado con esto, incluso puede pasar que las empresas que has nombrado, el cliente potencial no tenga un buen concepto de ellas. A veces es mejor citar el sector sin nombrar a la empresa referencia y que sea el cliente potencial el que nos pregunte por el nombre de esa empresa.

- *Cierre de la hoja de pedido*: en ventas a largo no se debe utilizar, incluso en ventas a corto no siempre. Hay que tener mucho cuidado al utilizarla, debemos estar muy seguros de que el cliente potencial, a través de innumerables señales de compra que ha emitido, está preparado para ser cerrado. Recuerdo una ocasión en la que una vendedora me intentó vender un seguro por teléfono: estuvo durante tres minutos y medio hablando sin que yo interviniera en toda la conversación y sin que tampoco emitiera ningún sonido. Al final me intentó rellenar los datos aplicando esta técnica de manera burda e intentando manipularme. Le di una serie de consejos. Me entristece observar a empresas que, sin escrúpulo alguno, arrojan al ruedo a vendedores/as sin formación y con mucha presión. Además, son empresas subcontratadas por empresas muy conocidas. Las ventas no van de eso, señores. Si Vds. creen que lo que ofrecen merece la pena, también lo merece que forme y cuide a sus vendedores

Consejo:

Aprende técnicas. Y utilízalas adaptándolas al cliente que tienes delante. Sencillo, pero complicado a la vez. La adaptación es clave, así que interpreta correctamente la situación y actúa.

El cierre no tiene por qué ser el final de la visita.

En ocasiones se nos ha enseñado el cierre como la fase final. Se ha interpretado este diagrama como si fuera el orden a seguir:

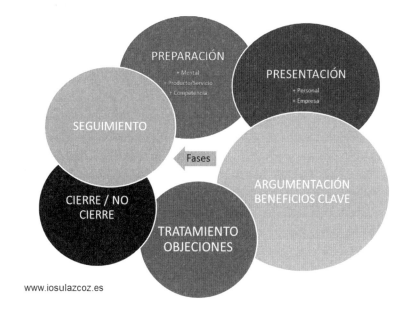

Figura 15

Resulta que se ha interpretado como si el cierre se debiera realizar al finalizar la visita de ventas y encima se terminara con una pregunta cerrada del tipo: ¿firmamos el pedido? Ponemos al cliente entre la espada y la pared, aplicando presión máxima y ¿qué ocurre? Que nos vamos a casa igual que hemos venido, sin pedido.

El cierre se puede dar en cualquier fase de la visita, depende de la situación con la que te encuentres se dará en cualquiera de estas seis fases. Y si aplicas varias técnicas de cierre combinadas tendrás más posibilidades.

Si haces bien tu trabajo en cada una de las fases que te he mostrado en la figura 14 tu crecimiento será exponencial. En mis talleres les pido a mis alumnos que califiquen su nivel de maestría en cada una de las fases puntuándolas de 1 a 10. Las puntuaciones de media no superan el 7. Si eres capaz de mejorar un 10% en cada una de las fases de la venta el crecimiento que experimentarás te los muestro en la figura 16:

www.iosulazcoz.es

Figura 16

Consejo:

No esperes hasta el final, si el cliente no lo tiene claro al término de la visita es que no lo has hecho bien, y por muchas técnicas de cierre que emplees no te van a ser de utilidad.

SOCIAL SELLING

Para ser un buen vendedor en el entorno digital, lo tienes que ser también en el entorno presencial.

Social Selling se refiere a la venta en entornos sociales, siendo estos tanto digitales como analógicos. Cuando aparecieron las redes sociales, para muchos se les abrió el mundo. No iban a tener que relacionarse presencialmente con sus clientes potenciales. Sin embargo, poco a poco las empresas tecnológicas se están dando cuenta de que también tienen que saber vender en entornos presenciales. De hecho, no podrás trasladar nada al entorno digital que no funcione en el terreno presencial. Si no dominas el arte de la venta en su totalidad fracasarás en el entorno digital. Hoy en día deberás saber combinar ambos artes, el analógico y el digital. Prescindir de uno de ellos puede resultar fatal para tu empresa.

El entorno de las ventas es uno solo, no está dividido entre ventas digitales y analógicas, sino que ambas se retroalimentan mutuamente y utilizan elementos que combinan con maestría los mejores vendedores del mundo.

Observo con cierta estupefacción cómo hay muchos *community managers, brand managers*[28], *start ups*, empresa de comunicación, etc., que piensan que no necesitan adquirir habilidades de venta presencial para vender. Craso error, los mejores establecen ese flujo bidireccional de conocimientos y habilidades.

Consejo:
Si no usas las redes sociales para vender, empieza por LinkedIn, y si no usas ventas presenciales empieza a asistir a eventos de *networking*, congresos, etc. Podrás segmentar, generar interés y conseguir citas. Por eso si no la estás utilizando correctamente estás perdiendo un recurso muy valioso. Si lo haces comprobarás cómo tus resultados se incrementan notablemente.

---

[28] *Brand manager* se refiere a los gerentes de marca. Son los que la gestionan dentro de la empresa.

Cuando llegaron las redes sociales muchos vaticinaron la desaparición de las ventas presenciales.

Daniel H. Pink, en su fantástico libro *Vender es humano,* analiza esta cuestión tan debatida y actual. Recuerdo cuando irrumpieron las redes sociales, parecía que ya había llegado la solución para aquellos a quienes les daba pereza o miedo a salir a vender a la calle. Desde sus oficinas podían empezar a vender sin conocer siquiera al cliente y sin ensuciarse los zapatos. Parecía establecerse una barrera virtual entre los vendedores modernos del siglo XXI y los vendedores presenciales del siglo pasado que estaban llamados a extinguirse. Las ventas, hoy y siempre, se establecen entre seres humanos, por lo que todo lo que hagamos que dificulte o anule este carácter humano en nuestras transacciones comerciales está sembrando infidelidad de nuestros clientes hacia nosotros. A los seres humanos nos gusta tratar con seres humanos, y no tanto con máquinas. Seguro que te estarás acordando cuando llamas por teléfono para hacer una consulta y te responde una máquina indicándote qué número marcar para seguir contigo. En ese mismo momento, ¿qué sientes? Pues ese vacío es el que sienten las personas cuando se las reemplaza por máquinas y estas interactúan contigo.

No solo se equivocaron los que pronosticaron la desaparición de las redes físicas, sino que los países con mayores PIB[29] del mundo están incrementando sus redes de venta en proporciones entre número de vendedores y número de trabajadores totales de 1/9 y 1/8 en países como EE. UU., China, Canadá, Reino Unido y Japón.

De hecho, las compañías más exitosas son las que combinan ambas redes, las físicas y las virtuales. Las virtuales son un complemento de las primeras, no su sustitución; son una herramienta más, no la única, que anule todo lo demás.

---

[29] PIB es el producto interior bruto.

Poco a poco estoy comprobando cómo hay profesionales de sectores como la comunicación, eventos, profesionales liberales, empresas tecnológicas, empresas de informática y emprendedores que han entendido que deben forjar su futuro donde se reparte el pastel: en la calle.

Así que cada vez son más las empresas que se están formando en este arte milenario de las ventas en entornos 1.0 y lo están complementando con el mundo 2.0. Ambos nunca han estado separados y tú, que me estás leyendo, puede que estés en una de estas dos situaciones:

- Tienes más presencia digital que presencial: empieza a invertir en desgastar suela.
- Tienes más presencia en calle que en las redes virtuales: empieza a aprovecharte de las funciones que las redes te dan para suministrar contactos.

Consejo:
Aumenta el tiempo en visitas presenciales si pecas de exceso en digital y viceversa. Cada negocio es diferente, pero todos necesitan que visites en la calle, así que no te vuelvas loco con las redes y sal en busca de clientes ahora mismo.

LENGUAJE

En las ventas pululan una serie de mantras muy peligrosos y contagiosos emitidos por vendedores incapaces.

Estos son altamente virulentos e incapacitantes. Debemos estar alerta y no integrarlos en nuestra carrera. Te muestro estos entre decenas que podría citar:

- El *Marketing Mix* ha muerto.
- El mercado está saturado.
- La puerta fría ha desaparecido.
- Los lunes son un mal día para visitar.

Según la PNL existen catorce distorsiones perniciosas del lenguaje. Las palabras crean estados de conciencia, generan estados de ánimo y son creadoras de conductas; estas pueden ser beneficiosas o perniciosas para el comercial. Te dejo esta ilustrativa frase de Mahatma Gandhi:

«Observa tus pensamientos, se convertirán en tus palabras.
Observa tus palabras, se convertirán en tus acciones.
Observa tus acciones, se convertirán en tus hábitos.
Observa tus hábitos, se convertirán en tu carácter.
Observa tu carácter, se convertirá en tu destino».

Fijaros en el poder de las palabras. Somos dueños de lo que callamos y esclavos de lo que decimos. Nuestras palabras tienen un significado muy grande. Tienen mucho peso e importancia en la vida de un vendedor. Viktor Frankl, en su fabuloso libro *El hombre en busca de sentido,* enunció esta imperecedera frase:

«Lo importante no es lo que sucede sino la importancia que le damos a lo que nos sucede».

Esta importancia la reflejamos a través de nuestro lenguaje. Y es una de las maneras en las que el Homo Sapiens expresa lo que siente y lo que piensa, las palabras. Son el vehículo a través del cual conformamos nuestro mundo y actuamos en consecuencia. Lo son todo para nosotros, son significado y sentido, son propósito y movilizan naciones enteras. Si tuviera que elegir un discurso de todos los que se han pronunciado y que significó mucho para mí cuando lo escuché, fue el que pronunció Steve Jobs en su famoso discurso de graduación de la Universidad de Stanford de 2005 (https://youtu.be/HHkJEz_HdTg).

Existen muchos otros como el de Martin Luther King en Washington o el de Abraham Lincoln en la Batalla de Gettysburg, pero el de Jobs para mí es el que más me resuena.

Las palabras siempre han tenido el poder de movilizar masas, con lo que imagina lo que pueden hacer contigo.

Estos mantras que pululan en el mundo comercial son extremadamente peligrosos. Si los «compras» estás incapacitándote sin darte cuenta, debes mantenerte muy vigilante con esas sentencias carentes de todo fundamento. Parece que las emiten los mayores expertos del mundo en la materia después de hacer un concienzudo estudio estadístico, pero esto no es así, entonces, ¿por qué les haces caso? Si quieres crecer en ventas una de las cosas más importantes que deberás vigilar es esta. Estos mantras se convertirán en tus hábitos y conductas del mañana, por lo que mantente vigilante. No te ates pesas a las piernas.

Consejo:
Cuando alguien te diga una sentencia de ese tipo, hazle esta sencilla pregunta: ¿en qué te basas exactamente para realizar esa afirmación?

En ventas es muy importante cuidar muy bien con quién te rodeas.

Las personas con las que nos juntamos y pasamos nuestro tiempo laboral o de ocio son tremendamente importantes, ya que te llevarán a un puerto o a otro. En ocasiones no le damos importancia y sufrimos después las consecuencias. Adquirimos sus creencias, las asimilamos como nuestras y funcionamos conforme a ellas, por lo que nuestras conductas vendrán determinadas por estas creencias limitantes que hemos adquirido.

En mi época de formador de equipos de ventas de nuestros distribuidores observaba con mucha frecuencia cómo una manzana podrida echaba a perder el resto del cesto, y eso para la empresa podía resultar fatal si no se cogía a tiempo.

En mis conferencias tengo siete maneras de identificar vendedores fotocopia de los que debes huir en cuanto los identifiques:

1. *Saludo*: Les saludas todo enérgico con un: «Buenos días» y te responden a las 8 a.m.: «Será para ti». Estos vendedores están todo el día quejándose y maldiciendo su mala suerte. Si estás mucho tiempo con ellos te la pegan seguro.

2. *Sonrisa*: No sonríen con frecuencia, y cuando lo hacen esbozan una mueca inverosímil que denota que no acostumbran a regalar sonrisas. Si no sonríe a los compañeros, cuando se presente delante del cliente potencial le saldrá una sonrisa forzada. Si no sabes sonreír no lo hagas, por favor. El efecto es contrario al perseguido.

3. Te preguntan siempre: *¿Tú qué tal?* Necesitan reafirmar sus creencias limitantes por lo que te contarán al detalle los motivos por los que tú también tienes que «comprarlas». Te dirán al final que dejes de visitar. Cuidado con esos vendedores incapacitantes.

4. *Son YOYOS*: Delante del cliente potencial ellos y su producto son los primeros, y el tiempo que dedican a hablar de ellos y de su empresa hace que pierdan el foco. Este debería ser siempre el cliente potencial. Hablan de ellos en un porcentaje de la visita superior al 40 %.

5. *Son YOYAS*: Ellos ya están de vuelta de todo y conocen el último método de ventas incluso antes de que salga al mercado. No se actualizan y siguen funcionando siempre de la misma manera. Son siempre los más listos de la clase.

6. *Venden precio* y no valor: cuando entran en las empresas lo primero que hacen es preguntar por el descuento que pueden hacer. No construyen valor y su único argumento es aumentar el descuento. No defienden el precio y les aterroriza llevarle la contraria al cliente potencial, hacen todo lo que este le pide que hagan.

7. *No callan*: Hablan más de un 50 % de la visita de ventas, cuando el buen vendedor no debe hacerlo más de un 33 % del tiempo. Al hacerlo así se pierden mucha información no verbal del cliente potencial y no establecen *rapport* con él. A los clientes potenciales les gusta hablar de ellos mismos y de sus empresas, no les prives de esa necesidad. Repito, tú no eres el protagonista, eres el actor secundario, grábatelo a fuego.

Consejo:
Si frecuentas estas compañías abandona esta costumbre lo antes posible, es altamente perjudicial para tus resultados.

No inventes palabras, eres VENDEDOR.

Hay vendedores que cuando les preguntan a qué se dedican responden:

- Técnicos comerciales.
- Consultores comerciales.
- Desarrolladores de negocio.
- Brand Manager.
- Sales Manager.
- Key Account Manager.
- National Sales Manager

Te visten de gala una profesión que no precisa de ello con tal de resumir y decir en castellano: «Yo soy vendedor». Nuestra profesión es lo suficientemente digna como para no necesitar artificios decorativos. Cuando tenía treinta años y me preguntaban respondía que era el responsable de aperturas de distribuidores por todo el territorio nacional y además lo hacía en inglés, pasados diez años lo deconstruí a un «vendo papel higiénico y líquidos de colores», y diez años después resumo por pereza y por orgullo, «soy VENDEDOR».

Algunos me expresan su pena por no haberme dedicado a lo que estudié en la universidad, a lo que les respondo que no lo haría ni loco, que lo que me ha dado y me sigue dando la profesión de las ventas dudo que haya otra que me lo pudiera ofrecer. Si no aman la palabra «vendedor» tampoco amarán esta profesión.

Me siento orgulloso de ser vendedor, y afirmarlo no me quita ningún galón.

Si esquivas la palabra, esquivarás también tu profesionalización en este campo.

Imagínate esta escena que me ocurrió una vez con un vendedor:

Yo: ¿A qué te dedicas?
Juan: Me dedico a captar fondos de grandes patrimoniales en London y New York.
Yo: O sea, ¿eres vendedor?
Juan: No, soy financiero que me dedico al «Private Equity».
Yo: ¿Qué es exactamente eso de «Private Equity»?
Juan. Son fondos de inversión privados. Me dedico a captar fondos de grandes patrimoniales.
Yo: ¿Te vienen a buscar o vas tú en su busca?
Juan: Voy yo y les ofrezco mi servicio destinado a producirles mejoras en rentabilidades si nos dejan en depósito su dinero.
Yo: O sea, que les tienes que ofrecer tu servicio ¿no?
Juan: Sí, así es.
Yo: Entonces les vendes ¿no?
Juan: Sí.
Yo: Eres un vendedor.
Juan: Visto así, sí, soy vendedor.

Siete frases después, el financiero ha reconocido que es vendedor. Al inicio de la conversación, tenía un lenguaje postural firme y tenso, necesitó nombrar a London (en inglés) y New York (en inglés) para vestir su profesión. Después, en su resistencia a usar la palabra vendedor, siguió recurriendo al inglés con la palabra «Private Equity». Es como si al usar la palabra maldita se les fueran a caer los galones que con tanto esfuerzo había construido.

Consejo:
Cuando te pregunten di lo que te venga en gana, pero en esencia sabes que tu profesión es la de vendedor, serlo está a la altura de cualquier otra profesión, es igual de digna. Siempre te encontrarás a quiénes la menosprecien, pero la respuesta que importa no es la de esas personas sino la tuya.

CEREBRO QUE COMPRA

La «experiencia cliente» no solo es aplicable al comercio sino también a todas las ventas.

Ya anteriormente hemos visto el porcentaje que representa la «experiencia cliente» en la fidelización de los clientes y la cifra del 52 % no es, desde luego, para ser pasada por alto. Siempre que hablamos de experiencia cliente lo hacemos para hablar del comercio, pero dicha experiencia también se la debemos trasladar a los vendedores exteriores. Alojar experiencias placenteras en el cerebro de nuestro cliente potencial hace que este quiera volver a vernos. La visita se desarrolla en un clima distendido que favorece el *rapport*, la obtención de información y el cierre posterior.

El consultor Laureano Turienzo publicó un post en enero de 2019 sobre un resultado que nos debería hacer reflexionar. La empresa Dunnhumby, líder mundial en ciencia de datos de clientes, publicó qué comercio era el preferido en su encuesta realizada a miles de consumidores. En ella se analizaban datos como el precio, calidad, presencia digital, conveniencia y velocidad. Pues bien, la empresa preferida es Trader Joe's. Ellos no venden en digital, invierten todo en experiencia presencial con productos de alta calidad. Su lema es «La tienda es nuestra marca». Así que la tan manida «customer experience 1.0» parece que vuelve a ser una tendencia a tener muy en cuenta en un mercado donde parecemos empeñados en aumentar nuestra presencia *online* a costa de reducir nuestra experiencia analógica.

Debemos esforzarnos en salir de la media, debemos dejar una parte de nosotros en cada visita con ese cliente. Hagamos felices a nuestros clientes más allá de lo que soluciona mi producto o mi servicio; hagamos que se lo pasen bien, el tiempo al final hará justicia y nos recompensará.

Consejo:

Preocúpate de verdad por tu cliente, interactúa con él no solo en el plano profesional, habla de cualquier cosa que le apasione más allá de tu producto y busca puntos en común que refuercen el *rapport*. Procura que cada interacción con él sea un motivo de celebración y recuerdo.

En ventas complejas, a largo plazo, no es suficiente con dirigirte a un solo hemisferio, es obligatorio dirigirte a los dos.

En ventas a largo plazo no es suficiente con hablar de características y ventajas. No es suficiente con dirigirnos al hemisferio derecho (emocional), dado que los interlocutores tienen que vender nuestro producto a terceros deberemos dirigirnos también al hemisferio izquierdo (racional). En este tipo de ventas intervienen mucho más las características técnicas de los productos, así como las tablas y gráficos que avalan nuestra calidad y prestaciones. El cliente potencial necesita algo tangible y escrito para poder trasladarlo a las personas que deciden. Dirigiéndonos únicamente al hemisferio emocional esto no se consigue.

Consejo:

Estructura tu discurso de tal modo que contenga emociones y razones que las apuntalen. Al final es el cerebro emocional el que tomará la decisión de compra, por lo que no deberemos desdeñar su importancia en el proceso de ventas. En el equilibrio está el éxito. Refuerzo tu discurso y hazlo transmisible a terceros. En ventas complejas necesitamos apuntalar nuestro discurso con datos y estadísticas del sector y del cliente al que vamos a visitar, así nuestro mensaje será perdurable en el tiempo y transmisible con mayor facilidad a terceros. El mensaje se conservará en el tiempo de manera incorruptible para volver sobre él con el tiempo ya que este tipo de ventas se cierra a largo plazo.

El cerebro límbico decide comprar entre siete y diez segundos antes de que sea consciente de ello.

Ya hemos visto anteriormente que las decisiones de compra las toma el cerebro inconsciente en el 95 % de las ocasiones y lo hace antes de que el cerebro racional sea consciente de ello.

Una vez que nuestro cerebro límbico ha tomado la decisión de compra nuestro cerebro racional hará lo indecible para no llevar la contraria a su propio cerebro. Para ello el cerebro racional aportará razones que justifiquen la decisión que ha tomado el cerebro límbico.

Este hecho se llama «fluencia cognitiva». Esta funciona también cuando un cliente potencial nos acaba de conocer. Se hará una imagen de nosotros en primer lugar y después de nuestro producto o servicio. Una vez se ha formado una imagen (en los primeros diez segundos) el cerebro racional de nuestro cliente potencial reforzará esa primera impresión. Todo se decide en el cerebro inconsciente del ser humano.

Consejo:
En ventas su traducción significa que en los primeros compases de tu visita nuestro cliente potencia decidirá si te va a comprar o no. Los primeros minutos serán por lo tanto de vital importancia para el éxito de tu presentación comercial. Ensaya el primer minuto una y otra vez hasta que en ese tiempo aprendas a influir en la mente de alguien que no te conoce de nada.

El cerebro humano reptiliano rastrea amenazas a su supervivencia es lo que se conoce como sesgo negativo.

Si quieres que tu mensaje sea más impactante introduce algunas palabras negativas en tu discurso de ventas. Tu mensaje quedará anclado con mucha más fuerza. Estas captarán la atención del cliente potencial en las primeras fases de tu visita.

Nuestro cerebro rastrea amenazas continuamente y lo negativo siempre tiene mucho más peso para nosotros que lo positivo. Veamos estos tres ejemplos:

- ¿Por qué piensas que las noticias que más se difunden en prensa escrita y en televisión son negativas? Para vender más. Si analizas el porcentaje de noticias negativas que emiten, verás que son sensiblemente superiores a las positivas.

- ¿Sabes que un cliente satisfecho habla bien de tu producto a una media de cinco personas? ¿Y uno insatisfecho? A unas catorce personas. ¿Notas la fuerza de la negatividad?

- Daniel Kahneman hizo el siguiente experimento: les ordenó introducir las manos a los participantes en un balde de agua templada muy agradable durante unos minutos. Después les pidió que introdujeran las manos en un balde con agua a más de 70 grados. ¿Qué experimentaron los participantes? Solo fijaron en sus cerebros lo desagradable que había sido la experiencia final, la cual eclipsó por completo la experiencia agradable inicial. Y además el tiempo de duración de la parte final se les hizo más largo de lo que realmente fue.

«Estamos diseñados evolutivamente para prestar mucha más atención a los sucesos negativos que a los positivos».

Así debemos aprender a utilizar palabras negativas que evoquen situaciones emocionalmente inquietantes y reales, que verdaderamente amenacen la existencia de la empresa. Por ese motivo, salpicar al inicio de tu presentación de ventas de palabras que se dirijan al cerebro reptiliano, al cerebro que procesa las amenazas, es mucho más eficaz que hacerlo hablando sobre las bondades y expansión de nuestra empresa, así como nuestro volumen de facturación. Jurgen Klaric en su libro *Vende a la mente, no a la gente* nos habla de los «códigos reptil» a los que nos tendremos que dirigir si queremos estimular el cerebro reptiliano de nuestro cliente para así aumentar su deseo de adquirir nuestro producto o servicio. Este difiere si eres del sexo masculino o femenino.

La Neurociencia nos está aportando mucha luz en el conocimiento del cerebro humano a la hora de tomar decisiones.

Consejo:

Redacta diferentes entradas de tus discursos de ventas que contengan al inicio por lo menos tres o cuatro palabras negativas. Asocia cada una de estas palabras con un estado emocional negativo que puedan estar produciendo en el cliente situaciones no solucionadas. No se trata de inventarse escenarios irreales, sino de reproducir situaciones por las que está atravesando nuestro cliente potencial.

FOCO

No te centres en tu producto, sino en lo que este hace por tu cliente potencial.

Céntrate en la utilidad de tu producto o tu servicio. Por ejemplo, si quieres vender un taladro, en lugar de centrarte en todas las características técnicas del mismo, hazlo refiriéndote a los maravillosos cuadros que vas a poder colgar de la pared y que van a conseguir un clima de calidez y confort en tu casa aumentando las emociones positivas de la familia.

Si quieres vender una caravana, haz especial hincapié en los atardeceres de los que va a disfrutar junto a su familia en lugares de ensueño, con una buena botella de vino y un buen queso.

Me he comprado coche en cuatro ocasiones. En todas ellas me enseñaron las características del mismo tales como el maletero, las luces, las marchas, el espacio interior o la forma aerodinámica del mismo. En ningún caso me enseñaron qué podría hacer con el mismo ni emplearon ninguna técnica de cierre como la del poder de sugestión. Me hablaron de características y nunca de beneficios, y por supuesto que la parte emocional ni la abordaron. Sí utilizaron otras a destiempo y mal empleadas como la técnica de la escasez o el principio de autoridad.

Si las aplicas, hazlo bien y lleva de viaje a tu cliente a un lugar soñado, échale imaginación y diferénciate.

Consejo:
Pon el foco en lo que tu producto hace por tu cliente potencial y en qué mejoras va a experimentar gracias a tu producto o servicio. Lo que vende es lo que va a ganar tu cliente con tu producto o tu servicio. Céntrate en hacerle visualizar este estado futuro al que tú le vas a llevar. Deja que «viaje» contigo.

FASE POSTERIOR

FIDELIZACIÓN

La Corporate Executive Board atribuyó en una investigación comercial a la «experiencia cliente» un 52 % de peso en la fidelización de los clientes.

La tan manida palabra «customer experience» o «experiencia cliente» no solo se aplica al comercio, sino que también es extensible a los vendedores de calle, como he comentado anteriormente. En mis conferencias acuñé el término HB2HB (*Human Being To Human Being*), es decir, las ventas se establecen entre seres humanos y si no somos capaces de transmitir experiencias placenteras a nuestro cliente potencial estaremos entrando en el olvido en la mente de nuestro cliente.

Ten en cuenta el apabullante dato del 52 % en fidelización que tiene que ver con factores emocionales. Veamos el resto de factores que la CEB estudió:

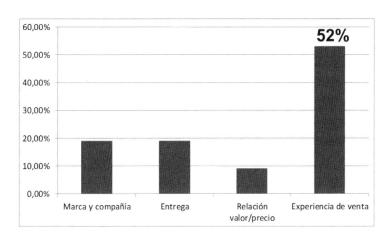

www.iosulazcoz.es

Figura 17

Tenemos que conseguir que cuando nos vuelva a ver nuestro cliente, este se alegre. Con cada visita que hagas, deberás dejar una huella, una impronta de ti más allá de tu producto o tu servicio. Ese rastro emocional es lo que recordará con más viveza y eso lo asociará positivamente con lo que vendes. Si solo te ciñes a tu producto y sus características estarás siendo un vendedor plano. Para ser memorable tienes que ser menos digital y más analógico. Menos distancia y más presencia física.

Las ventas van de la vida misma, se componen de los mismos elementos. Cuando estemos delante de un cliente potencial no debemos estar excesivamente fríos y asépticos con él, debemos provocar un clima agradable, que incite a la conversación sobre temas no relacionados con el motivo de nuestra visita, debemos salirnos de lo que espera el cliente siguiendo unas reglas:

- Cuando te salgas voluntariamente de la conversación de ventas, vuelve al mismo punto donde la dejaste.

- Los temas que toques nunca deberían ser más del 20 % del tiempo total de tu visita.

- No abordar temáticas delicadas ni aquellas en las que sospeches que el cliente potencial podría cebarse y emplear todo el tiempo de la vista recreándose en ellas.

- Cultívate y lee sobre temas de actualidad.

- Observa el despacho de tu cliente buscando temas de conversación que sean originales y si es un tema que sospechas haya tocado otro vendedor antes que tú, hazlo desde otra perspectiva.

Consejo:

Interactúa con la persona que tienes delante, no con su puesto únicamente. Sal del guion establecido y hazle pasar a tu cliente un momento agradable. El centro del placer del cerebro de tu cliente (núcleo accumbens) guardará memoria de todo lo que inviertas a nivel emocional en él. Lo técnico no es memorable, lo emocional sí. Este centro del placer almacena todas las experiencias agradables y desagradables que tú has alojado en él en cada visita que le has hecho. Cuanto te vuelva a ver si producirá un efecto acumulativo de dichas experiencias tanto positivas como negativas por lo que procura que sean positivas en la mayor medida posible.

El cliente potencial no compra a la empresa, compra al vendedor. El día que las empresas entiendan esto, empezarán a mejorar en retención del talento.

Muchas empresas están muy equivocadas y piensan, en un alarde de autocomplacencia, que los clientes les pertenecen. Es como si al firmar el contrato les hubieran puesto unos grilletes convirtiéndolos en presos suyos de por vida. Esta ilusión de la conciencia cuesta mucho dinero a medio plazo. Con quien interactúan los clientes es con el vendedor, no con la empresa. Quien se ha ganado la confianza del cliente no es la empresa, es el vendedor en un porcentaje muy superior. Puedes estar pensando que es la empresa con la calidad de sus productos la que hace que los clientes compren o no, parece como si el peso de la decisión de compra recayera únicamente en la empresa y la calidad de sus productos y nada en absoluto en la figura del vendedor. Los vínculos emocionales generados entre el cliente y el vendedor les pertenecen a ambos, y es frecuente comprobar cómo se llevan consigo a casi toda su cartera, cuando estos abandonan las empresas. Cuando la empresa intenta recuperarla le resulta harto complicado hacerlo e invierte muchos recursos, aun a costa de reducir sensiblemente los márgenes operativos del producto. No quiero decir que la empresa, sus distintos departamentos, así como la calidad de sus productos o servicios no influyan en la fidelización de los clientes, lo que quiero recalcar es la relación, en definitiva, el vínculo más profundo se establece entre el cliente y el vendedor y eso es lo que marca su fidelización en un porcentaje mucho más alto que todo lo demás junto. Esa es mi experiencia de más de veinte años. Debemos cuidar este aspecto y no mirarnos en exceso el ombligo. Recordad cuando antes hablaba de los YOYAS.

Consejo:
Selecciona a veinte clientes de tu cartera que lleven trabajando contigo más de cinco años. Hazles esta pregunta: de estos tres factores que te hicieron decantarte por mi empresa y seguir con ella, ¿cuál de ellos consideras más importante? A. Producto. B. Precio. C. Vendedor.

En un mundo tan parecido y copiable hay alguien que no se copia: el vendedor.

En muchas de las formaciones que realizo, los vendedores achacan su falta de resultados a motivos que tienen que ver con la homogeneización del mercado. Todos los productos se parecen cada vez más y es muy complicado vender diferencias competitivas. Es cierto, pero los mejores vendedores se preguntan a sí mismos: ¿qué voy a hacer yo con esta situación?

Los mejores vendedores se responsabilizan de sus actos. Sus resultados dependen de su actitud ante las adversidades, y no de factores externos ajenos a su control. Los vendedores fotocopia buscan responsables de sus bajos resultados; ellos nunca lo son. Una de esas excusas es que el mercado cada vez es más parecido. Y no está exento de razón, pero ¿por qué hay vendedores a los que esto no les afecta y otros a los que sí? Respóndeme a esta pregunta.

Te puedes diferenciar con tu producto o tu servicio y también lo debes hacer en base a tu persona. Debes representar una marca dentro de tu marca. Para ello deberás ser una sola persona, profesional y personal, sin desdobles.

A las personas nos gusta tratar con seres originales, que nos hagan sentirnos únicos. Cada vendedor es único, irrepetible. Debemos esforzarnos en salir de la masa indiferenciada que constituyen los vendedores fotocopia; todos venden igual, hacen lo mismo, empiezan por las mismas preguntas, hacen siempre lo que el cliente potencial espera que hagan, venden precio, no sienten empatía, van a lo suyo, a conseguir su cifra de ventas cueste lo que cueste. Son aburridos y provocan más de un bostezo, no caen bien y, en definitiva, no son vendedores profesionales.

Te dejo este vídeo de Macintosh de 1984 que ilustra muy bien las marcas fotocopia representadas por el público gris: https://youtu.be/axSnW-ygU5g

¿Quieres ser uno de ellos o por el contrario prefieres ser un vendedor que se desmarque de todo esto y brille en la visita de ventas? Empieza hoy mismo, sin demoras.

Consejo:

Realiza este sencillo test en www.authentichappiness.org, y descubrirás cuáles son tus principales fortalezas. Aplica tus principales cinco todos los días en tu trabajo de vendedor y verás los resultados. En un mundo en el que todo se copia, en el que todos los productos se parecen, su *packaging*[30] 29 difiere muy poco, ¿qué puede hacer un vendedor para diferenciarse? Lo único que puede hacer es diferenciarse en base en algo en lo que es singular y no existe nadie igual en el mundo entero: él mismo. Diferénciate en lo único que no se puede copiar: el ser humano. Es la apuesta estratégicamente más inteligente.

---

[30] *Packaging* se refiere a la forma que tenemos de envolver un producto o servicio para provocar la atención y el interés de nuestro cliente.

KPI

Si no mides no sabes dónde estás, y si no lo sabes tampoco sabrás a dónde ir.

Si no tienes los KPI (Key Performance Indicators- Indicadores de desempeño) adecuados no tendrás objetivos reales; serás un barco a la deriva al que cualquier viento le vendrá bien. Además, estos KPI deben estar bien diseñados, ya que corremos el riesgo de medir cosas que no aporten gran cosa a la organización. Es importante medir cómo y dónde invierten su tiempo los vendedores y calcular su ROI (retorno para la empresa) de ese tiempo. A su vez es también muy importante saber qué tipo de clientes potenciales visitan realmente nuestros comerciales y cuál es su potencial de crecimiento. Víctor Barajas[31] a través de su Método Kowalsky proporciona a la empresa claves para saber todo esto y corregir desviaciones que le están costando a la empresa miles de euros.

Dentro de los más importantes yo fijaría los siguientes:

- *Tasa de cierre*: número de visitas cerradas / número de visitas realizadas multiplicado por 100. Tasas de cierre inferiores al 30 % nos indican que estamos quemando mercado. Una tasa muy aceptable es aquella que se situará en torno al 60 %.

- *Tasa de prospecciones*: número de prospecciones / número de visitas totales multiplicado por 100. Esta tasa no debería ser inferior del 10 %, dado que siempre perdemos clientes, bien sea por cierre, por jubilación o por competencia, deberemos estar siempre buscando clientes nuevos, estos no solo mantendrán nuestra cifra de ventas, sino que la incrementarán sensiblemente.

---

[31] Víctor Barajas www.auladeventas.com

- *Tasa de venta cruzada en nuestro cliente*: número de productos nuevos vendidos / número productos totales multiplicado por 100.

- *Tasa fidelización*: número de clientes totales que se han ido menos número de clientes totales/ número de clientes totales multiplicado por 100. Las empresas no cuidan mucho este aspecto ya que no invierten mucho en fidelización, piensan que el cliente es un rehén nuestro para siempre. Nada más lejos de la realidad. En un mundo con tanta oferta y tanta información el cliente es cada vez menos fiel. ¿Qué estrategia estás siguiendo actualmente al respecto?

- *Tasa de penetración* en un sector: número de clientes conseguidos de ese sector / número de clientes totales de ese sector multiplicado por 100.

- *Rentabilidad producto*: vender más no es sinónimo de vender con margen. Vigila este aspecto y haz saber a tu equipo de ventas qué productos son los de mayor margen y cuáles los de menor. Realiza campañas puntualmente.

Hay muchos más, pero según mi criterio estos son los que nunca deben faltar.

Consejo:
Analiza si los KPI que manejas son de utilidad para la empresa y si realmente reflejan el comportamiento de los vendedores en la calle.

ANEXOS

IOSU COMO PROFESIONAL

SABÍA QUE COMPRABA AL MÁS CARO

¿Qué hizo que decidiera comprar productos más caros cuando hay otros en el mercado que son iguales y más baratos?

Hay quien opina que es cursi hablar hoy de «la experiencia del cliente». Probablemente. No voy a entrar en eso ahora. Tengo cosas más importantes y útiles que contarte y, además, considero que es una parte muy efímera del proceso de compra y venta, así como del éxito en la fidelización.

Hace unos años tuve que montar un centro sanitario en el que entre los cientos de compras que tenía que realizar estaban los productos que Iosu vende. Debía valorar entre tres y cuatro presupuestos en todas las secciones. Fue un proceso arduo, lento y muy intenso, además de agotador. Para lo que yo consideraba «mi correcta elección», los materiales, productos, equipos, etc., debían cumplir seis requisitos:

1. No desviarme del presupuesto aprobado.
2. Elegir productos de calidad.
3. Que entraran en precio competitivo.
4. Que conllevara un buen servicio postventa (que sintiera que no me iba a «dejar colgada» después de dorarme la píldora para venderme hasta un bañador en Groenlandia).
5. Que los vendedores tuvieran ese conocimiento técnico para un buen asesoramiento (no hay peor sensación que sentir que sabes más del producto que compras que el propio vendedor).

6. Por último, estar en continua capacidad de elección. ¿A qué me refiero con esto? Reconozco que podría entrar en el requisito de un buen servicio postventa o en el requisito del conocimiento técnico del vendedor. Pero no, al hablar de «continua capacidad de elección» me refiero a que tenga la seguridad de que ese vendedor me va a tener en una constante actualización del producto, de sus fluctuaciones, de las nuevas adaptaciones, en definitiva, que me tenga a la última de lo que le estoy comprando, para que tenga capacidad y poder elegir si cambio o me quedo con lo que ya tenía.

Alguno pensará: «¡lo que exige esta mujer!» para, en definitiva, comprar jabón, suavizante, detergente, ambientadores, secadores de manos, papel secamanos, máquinas para limpiar grandes extensiones y muchos más productos que puede tener desde un despacho médico hasta una habitación de un hospital.

Pues bien, Roma no se hizo en un día, y el cierre de la compra con Iosu de todos estos materiales tampoco.

Reconozco que fue la parte que más pereza me daba de todo el proceso de montaje del centro. Unos me visitaban y me traían catálogos para que me buscara la vida y, salvo los precios, no tenía criterio para elegir, otros me preparaban presupuestos muy detallados pero sentía que debía estudiarlos como una oposición a notarías y cuando solicitaba su intervención, estaban ocupadísimos o no terminaban de explicarme bien las ventajas de sus productos. En todo este devenir de presupuestos, vendedores, distintas casas comerciales, recomendaciones de compañeros del sector; una, aquí presente, se inclinaba por comprar lo ya conocido, aunque no estaba cumpliendo con mis seis requisitos.

¡Y apareció Iosu Lázcoz! No, no apareció de manera sorpresiva e inesperada. Fue una recomendación muy curiosa: la de una profesional del sector que no pudo comprar a Iosu, a quien prácticamente no conocía pero que, según sus palabras textuales: «Me encantó solamente por cómo se presentó por correo electrónico. ¡Chica! Qué pena que en mi centro tengamos la Central de

Compras en Madrid y yo no pueda intervenir en los cambios de proveedores».

Así que, no recuerdo realmente si me puse yo en contacto con él o fue al revés, el caso es que cerramos una cita en el centro y llegó esa «única oportunidad» de esa «primera vez», tanto para las buenas como para las malas impresiones. Nos gustamos profesionalmente. Yo creí en él y supongo que él creyó en mí y empezamos a trabajar juntos.

A mis preguntas, solicitudes, demandas, cuestiones y dudas, Iosu tuvo respuesta rápida, presencial cuando era necesaria, técnica, de servicio, de resolución de obstáculos, de facilitador de soluciones, en definitiva, sentí el apoyo de un proveedor con todas las herramientas y todo el servicio que me hacía FÁCIL mi trabajo de elección e implantación, que me resolvía dudas con informes de productividad, ahorro y consumo del producto que solicitaba. Vamos… ¡un *crack*!

¿A esto le llamamos «experiencia de cliente»? No sé si la definición es correcta, pero todo el proceso que he narrado (desde mis sensaciones y mis pensamientos, desde mis exigencias y sus respuestas, en definitiva, desde esa relación entre vendedor y cliente) este proceso, esta relación, hizo que defendiera ante el grupo inversor de mi entonces empresa, el presupuesto de Iosu con plena convicción y confianza; en cuatro palabras: compré al más caro.

Mar Ugarte Ozcoidi
Gestora, consultora y mediadora sanitaria. Experta en discapacidad. Gestora de proyectos en Hiru Hamabi (www.hiruhamabi.org)

IOSU COMO PERSONA

IOSU ES REALMENTE INSPIRADOR

Habitualmente resulta complejo destacar, marcar diferencia y brillar entre personas con perfiles profesionales prácticamente idénticos, pero Iosu Lázcoz logra hacerlo. En cuanto aparece, puedes percibir como alumbra la autenticidad que desprende.

Te despierta del letargo invernal en el que a veces nos acomodamos, te despierta con el sonido fresco y envolvente de su ingenio, de su rapidez mental, de su intuición e inteligencia aguda. Y en todo momento, en cualquier recoveco que aparece al doblar la vida, en los ángulos diversos que se configuran en el vivir, se acompaña de la humildad y optimismo que subrayan aún más su presencia.

Puedes escuchar su voz bien diferenciada entre las voces del coro humano que repiten ideas cada día. Su voz se ofrece con notas juguetonas y pícaras que aportan letras nuevas, que sorprenden e impactan.

Puedes ver en su mirada la velocidad de la luz creativa generando nuevas oportunidades allí dónde a otras personas les falla la confianza. Iosu hace fácil lo complejo a través de su espíritu comprometido y optimista.

Su ritmo vital es el ritmo de la «Optitud». Iosu es fábrica de vitaminas genuinas, ofrece a los demás con desprendimiento fórmulas magistrales que inyectan cambio. Es ejemplo de lo que predica y este hecho favorece que aquellas personas que se acercan a él y leen sus libros, se inspiren para vivir una vida plena, con abundancia de recursos emocionales.

Iosu Lázcoz destaca, marca la diferencia y brilla por su autenticidad, intuición y generosidad. Logra aportar un sabor especial a cada uno de los proyectos que realiza. Deja huella en el corazón de quienes abrazan los frutos que se desprenden de su trabajo, un trabajo eficiente que está elaborado con gran humanidad.

Muestra sagacidad, desparpajo y a ello se suma la sabiduría de mujeres que le han arropado en el camino de la vida con mucho humor y amor. Él recoge ese obsequio como fortaleza que le lleva a ser capaz de afrontar cualquier reto buscado o inesperado.

En cada página encuentras una luz que te coge de la mano para llevarte con fluidez a surcar por las mejores olas de información seleccionadas por él concienzudamente; cada página te empuja con el mejor de los vientos para avanzar a través de herramientas prácticas con las que alcanzar el puerto que más te convenga. En sus líneas encuentras el complemento vitamínico necesario para abrazar una vida de mayor bienestar.

Iosu Lázcoz es líder de sí mismo, y eso hace que sus páginas expliquen, demuestren e inspiren. Cada párrafo está pensado para que sea tierra fértil en la que poder sembrar las semillas que quieras impulsar en tu crecimiento.

Osane Matías Alonso
Profesora de Psicología y Comunicación de la Facultad Basque Culinary Center de la Universidad de Mondragón y Directora del Centro Hobeki (www.hobeki.eu)

BIBLIOGRAFÍA

Achor, Shawn (2011): *The Happiness Advantage.* London: Virgin Books.

Avia, María Dolores (2011): *Optimismo inteligente.* Madrid: Editorial Alianza.

Barajas, Víctor; Muriel, Lorenzo (2007): *El hombre que recuperó el orgullo de vender.* Barcelona: Editorial Empresa Activa.

Braidot, Nestor (2013): *Neuroventas.* Barcelona: Editorial Granica.

Cardone, Grant (2018): *Vendes o vendes.* Barcelona: Editorial Debolsillo.

Chiesa Di Negri, Cossimo (2007): *Fidelizando para fidelizar.* Pamplona: Editorial EUNSA

Cialdini, Robert B. (2006): *Influencia.* Barcelona: Editorial Ilustrae

Covey, Stephen (2015): *Los 7 hábitos de la gente altamente efectiva.* Barcelona: Booket

Csikzentmihalyi, Mihaly (1998): *Creatividad.* Barcelona: Editorial Paidós

Csikzentmihalyi, Mihaly (2011): *Fluir.* Barcelona: Editorial Kairos

Duckworth, Angela (2016): *Grit: The Power of Passion & Perseverance.* Miami: Penguin Random House

Ekman, Paul (2015): *El rostro de las emociones.* Barcelona: Editorial RBA

Fredickson, Barbara (2009): *Vida positiva.* Buenos Aires: Grupo Editorial Norma

Fredickson, Barbara (2013): *Love 2.0.* New York: Editorial Plume

Gadea, Josué (2015): *El vendedor ninja.*

Gallo, Carmine (2016): *Talk like a TED.* London: Pan Books Editorial

Gallo, Carmine (2018): *The storytellers secret.* London: Pan Books Editorial

García Fernández Abascal, Enrique (2015): *Disfrutar de las emociones positivas.* Madrid: Editorial Grupo 5

García Fernández Abascal, Enrique (2013): *Emociones positivas.* Madrid: Editorial Pirámide

Godin, Seth (2008): *La vaca púrpura.* Barcelona: Editorial Gestión 2000.

Goleman, Daniel (2017): *Inteligencia Social.* Barcelona: Editorial Kairós

Goleman, Daniel (2016): *Focus.* Barcelona: Editorial Kairós

Goleman, Daniel (1996): *Inteligencia emocional.* Barcelona: Kairós

Grant, Adam (2014): *Dar y recibir.* Barcelona: Editorial Gestión 2000

Hay, Louise (1991): *The power is within you.* Los Angeles: Hay House Inc.

Hill, Napoleon; Stone, W. Clement (2013): *La actitud mental positiva. Un camino hacia el éxito.* New York: Knopf Doubleday Publishing Group

Kahneman, Daniel (2013): *Pensar rápido, pensar despacio.* Barcelona: Editorial Debolsillo

Klaric, Jurgen (2018): *Vende a la mente no a la gente.* Barcelona: Editorial Planeta.

Kowasaki, Guy (2013): *El arte de cautivar.* Barcelona: Editorial Booket

Mandino, Og (2011): *El vendedor más grande del mundo.* México: Editorial Planeta Mexicana

O'Connor, Joseph; Seymour, John (1992): *Introducción a la PNL.* Barcelona: Editorial Urano

Pink, Daniel (2013): *Vender es humano.* Barcelona: Editorial Gestión 2000

Pink, Daniel (2011): *The unsurprising truth about what motivate us.* Edinburg: Canongate.

Punset, Eduardo (2013): *Viaje al optimismo, Las claves del futuro.* Barcelona: Editorial Destino.

Punset, Eduardo (2010): *El viaje al poder de la mente.* Barcelona: Editorial Planeta.

Rackham, Neil (1995): *Spin Selling.* Oxfordshine: Editorial Routledge.

Rackham, Neil (1989): *Major Account Sales Estrategy.* New York: Editorial MacGraw-Hill Education.

Revilla, Neil (2018): *Social Selling.* Madrid: Editorial Bubok.

Revilla, Neil (2016): *Marketing de Contenidos.* Madrid: Editorial Bubok.

Rojas Marcos, Enrique (2012): *No te rindas.* Barcelona: Editorial Planeta.

Rojas Marcos, Luis (2005): *La fuerza del optimismo.* Barcelona: Editorial Aguilar.

Rojas Marcos, Luis (2011): *Superar la adversidad.* Madrid: Espasa Editorial.

Sánchez Gilo, Raúl (2018): *Vender más y mejor.* Madrid: Editorial Creativespace.

Saratxaga, Koldo (2012): *Sentimientos, Pensamientos y Realidades.* Bilbao: K2K Emocionando.

Seligman, Martin E.P. (2017): *Aprenda Optimismo.* Madrid: Editorial Debolsillo.

Seligman, Martin E.P. (2011): *Niños Optimistas.* Madrid: Editorial Debolsillo.

Seligman, Martin E.P. (2011): *La vida que florece.* Barcelona: Ediciones B.

Seligman, Martin E.P. (2011): *La auténtica felicidad.* Barcelona: Ediciones Z Bolsillo.

Seligman, Martin E.P; Christopher Peterson (2004): *Character Strengths and Virtues.* Washington: Oxford University Press.

Siegel, Daniel J. (2010): *MindSight.* Barcelona: Paidós.

Sinek, Simon (2011): *Start With Why.* London: Penguin Random House.

Sinek, Simon (2015): *Los líderes comen al final.* Barcelona: Empresa Activa

Sugarman, Joseph (2016): *Los resortes psicológicos de la venta.* Málaga: Editorial Sirio.

Torre, Santiago (2016): *Haz que te compren.* Madrid: Editorial Creativespace

Tracy, Bryan (2004): *Metas.* Madrid: Editorial Empresa Activa

Tracy, Bryan (1997): *Estrategias eficaces de ventas.* Barcelona: Editorial Paidós.

Tracy, Bryan (2007): *El arte de cerrar la venta.* Madrid: Editorial Grupo Nelson.

Ury, William (2012): *Supere el NO.* Barcelona: Editorial Gestión 2000.

Ury, William (2011): *Obtenga el SI.* Barcelona: Editorial Gestión 2000

AGRADECIMIENTOS

En primer lugar, quiero agradecerle a mi mujer Yolanda su apoyo incondicional. También a Patxi Villanueva y Salvador Zubiate por todos estos años de aprendizaje. A Fátima Frutos por su ayuda inestimable. Gracias a Ana Belén Albero por sus sabios consejos, a mi editor Javier Ortega por confiar en mí, José Manuel Elizalde, Osane Matías, Mar Ugarte, Juan Antonio Cuquejo, Manuel Estévez, Leyre Cordón y Manuel Rial por vuestros prólogos y testimoniales.

Quiero agradecer a la profesión de las ventas todo lo que da diariamente, todo mi crecimiento personal y profesional se lo debo a ellas.

Y por último gracias a ti que has decidido adquirir esta obra.

Iosu Lázcoz Iso
www.optitud.es

En Gorraiz, a 9 de marzo de 2019